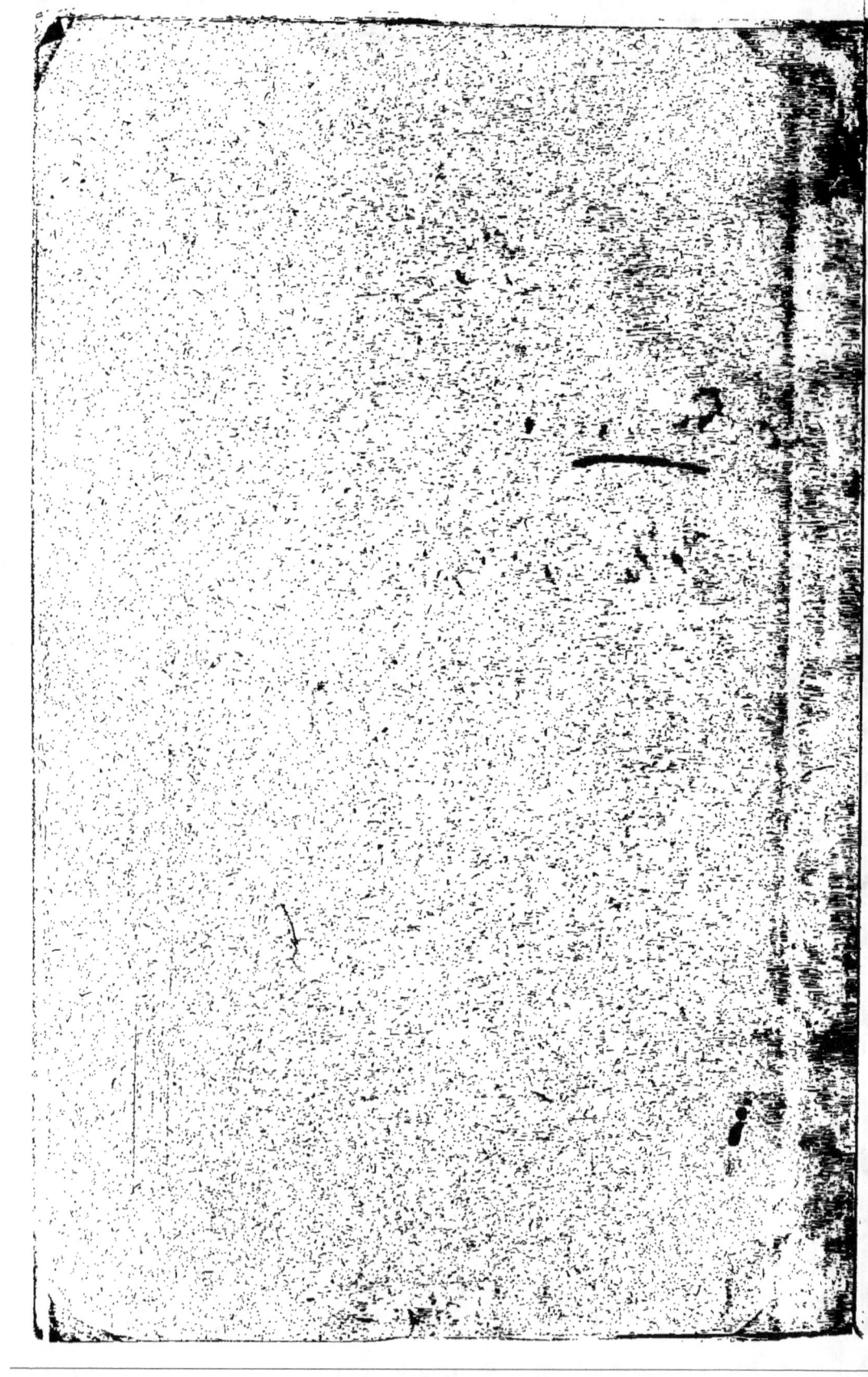

PETITE GÉOGRAPHIE

MODERNE

MISE EN VERS

SUIVIE DE

Tables alphabétiques des noms ou termes contenus dans l'ouvrage

Par M. LE BRUMAN

ANCIEN ÉLÈVE DU COLLÉGE D'AVRANCHES

PREMIÈRE ÉDITION

Dépôt chez M. Thébault, Libraire à Avranches, et chez tous les Libraires

---

IMPRIMERIE TYPOGRAPHIQUE ET LITHOGRAPHIQUE
V. LETREGUILLY, Fils
RUE DES CHAPELIERS, 14, A AVRANCHES

1875

Cet Ouvrage étant ma propriété, j'en poursuivrai toutes les contrefaçons rigoureusement et conformément aux lois.

PRÉFACE

En composant cet ouvrage mon intention n'a pas été d'affaiblir, le moins du monde, l'estime que l'on doit avoir pour les Géographies qui ont paru jusqu'à ce jour, relativement à la France. En effet, mon plan est trop succinct, pour satisfaire pleinement le lecteur, avide de connaître la majeure partie de ce qu'il y a eu, et de ce qu'il y a encore aujourd'hui de remarquable en ce beau pays. Je viens seulement offrir mes faibles lumières et mon concours aux célèbres auteurs de l'histoire et de la géographie anciennes et modernes. Ces grands hommes sont entrés dans des détails que je ne pourrais renfermer dans mon cadre, qui ne doit pas être étendu, pour être utile à tout le monde, et très-facilement compris.

Je me suis donc borné à mettre, dans un style ou langage amusant et cadencé, ce que j'ai cru le plus intéressant à savoir dans chaque département et chaque contrée de la France.

J'ai fait entrer dans mon plan tous les chefs-lieux de département et d'arrondissement, plusieurs chefs-lieux de canton, des lieux remarquables, une partie des produits qu'ils contiennent, des avantages qu'ils présentent, des grands hommes qui les ont illustrés, et des monuments qui les honorent.

A MES LECTEURS

Je chante à ma gui-se en modeste au-teur;

Il faut que je dise à mon imprimeur:

Annoncez partout, dans un chant nouveau,

Que pour les enfants j'ai fait ce morceau.

Enfants, qui du travail connaîtrez tout le prix,

Daignez li-re ces vers qui pour vous sont écrits.

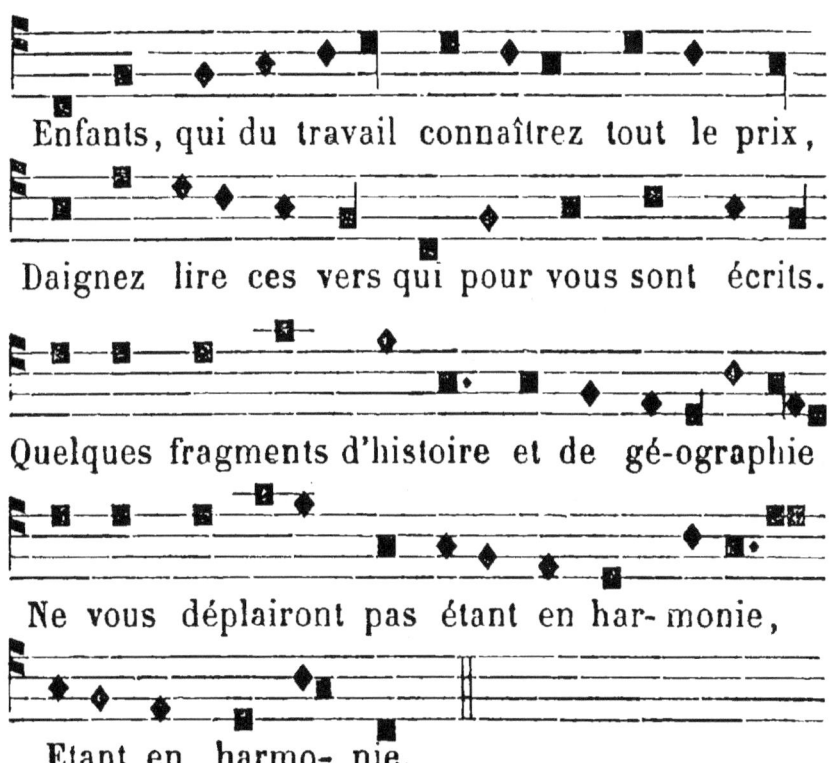

Enfants, qui du travail connaîtrez tout le prix,
Daignez lire ces vers qui pour vous sont écrits.
Quelques fragments d'histoire et de gé-ographie
Ne vous déplairont pas étant en har- monie,
Etant en harmo- nie.

AVIS

Enfants, qui du travail connaîtrez tout le prix,
Daignez lire ces vers qui pour vous sont écrits.
Quelques fragments d'histoire et de géographie
Ne vous déplairont pas étant en harmonie :
Tout en vous amusant, vous apprendrez des noms
Qui font peur aux enfants autant que des canons ;
Mais, comme fait l'abeille aux thyms, plantes minimes,
Vous sucerez le miel qu'auront produit mes rimes.
Vos jeunes cœurs, remplis de sensibilité,
Apprendront tous ces vers avec facilité.
Avec un peu de goût et non moins d'habitude,
Vous les saurez bientôt ; mettez-vous à l'étude.
Si, parfois, vous trouvez qu'un mot soit mis en vain,
Gardez-vous de médire : il est mis à dessein.
Souvent un mot plaisant rappelle à la mémoire
Les noms qui sonnent mal dans le cours d'une histoire.
Lisez, lisez ces vers, ils sont remplis d'appas ;
Gravés dans vos esprits ils n'en sortiront pas.
Croyez-moi, faites-en la douce expérience :
On est plus honoré plus on a de science,
Car tel en son jeune âge était bien ignoré,
Qui partout aujourd'hui se voit considéré.

BORNES DE LA FRANCE EN 1868

Au couchant de la France est le Grand Océan
Que Dieu par sa puissance a tiré du néan.
Saint-Pierre et Saint-Hélier sont non loin du rivage.
Un Français criminel désire cette plage :
Bien vite s'embarquant, va trouver les Anglais,
Pour se mettre à l'abri des rigueurs des Français.
Vers le septentrion de notre belle France
Sont : le Pas-de-Calais, Lille avec importance,
La mer du Nord, l'Escaut, sur lequel sont Gambray,
Alost, puis Dendermande, Oudenarde et Tournay.
Grâce au grand Fénelon, Cambray devint habile
A former ses enfants aux lois de l'Évangile.
Les Alpes et le Rhin se trouvent au levant,
Limites qu'autrefois le Français triomphant
Franchissait pour dompter l'Autriche, l'Italie,
L'Allemagne, la Prusse et l'immense Russie.
Les Alpes ont nommé les trois départements
Dont je vous parlerai, bref, en quelques moments.
Vers le sud nous voyons la Méditerranée,
Le Portugal, l'Espagne et le Mont-Pyrénée.
Par ses monts, ses ravins, et ses chaleurs d'été,
L'Espagne est un pays jusqu'alors indompté.
Le Français y fit voir ses armes triomphantes,
Mais il les remporta non bien plus éclatantes.

DÉPARTEMENTS DE LA FRANCE

EN 1868

1. AIN.

L'amiral Coligny, Vaugelas écrivain,
L'astronome Lalande, ont eu le jour dans l'Ain.
Gex, Belley, Nantua, *Bourg*, Trévoux sur la Saône,
Sont les chefs-lieux de l'Ain, serpenté par le Rhône.
On trouve en ce pays, pittoresque et pierreux,
Du vin, du bois, du grain, des étangs poissonneux.

2. AISNE.

C'est à Château-Thierry, département de l'Aisne,
Que naquit autrefois le père La Fontaine.
L'Aisne a pour ses chefs-lieux *Laon*, Saint-Quentin, Soissons,
Château-Thierry, Vervins, riches par leurs moissons ;
A la Ferté-Milon est né Louis Racine,
Qui s'est fait immortel par sa muse divine.

Nota. — Les noms de ville en italique sont chefs-lieux de préfecture, et les autres, surmontés d'une barre, ne sont que chefs-lieux de canton.

3. ALLIER.

Les chefs-lieux de l'Allier sont : *Moulins*, Montluçon,
Gannat et La Palisse ; on y vend du poisson.
Les grains, les vins, le bois y sont en abondance,
Et de chanvre et de lin le commerce est immense.
Moulins donna le jour à Berwick, à Villars,
Ces deux grands maréchaux imitant les Bayards.

4, 5, 6. ALPES (BASSES-), ALPES (HAUTES-), ALPES-MARITIMES.

Les Alpes ont donné leurs noms à la campagne
En deçà du Piémont, presque toute montagne.
Les trois départements qui sont ainsi nommés
Produisent de bons fruits, des métaux estimés.
Le fer, le plomb, le cuivre y sont en abondance ;
On y voit Sisteron sise sur la Durance,
Digne, Barcelonnette, Embrun et Briançon,
Ville du sol français, la plus haute, dit-on,
Grasse, Puget-Théniers, Saint-Martin, Castellane,
Forcalquier, puis *Gap*, Saint-Sauveur, *Nice*, Canne,
Monaco, Saint-Auban et Vence, en ces hauts lieux,
De ces départements composant les chefs-lieux.

7. ARDÈCHE.

Dans le département que l'on nomme l'Ardèche,
Si j'ai quelques instants, je les passe à la pêche.

La Loire et le vieux Gard produisent du poisson,
Que j'attrappe souvent et porte à ma maison.
L'Ardèche a pour chefs-lieux *Privas* et Largentière,
Puis Tournon, sur le Rhône, enfant d'une rivière.

8. ARDENNES.

Mézières, puis Réthel, Vouziers, Sedan, Rocroy,
Dans le temps de l'hiver se ressentent du froid.
Les villes ci-dessus sont chefs-lieux des Ardennes ;
Sedan donna le jour au célèbre Turennes.
Ce pays où l'on a bois, pâturages, blé,
A vu les Espagnols fuyant le grand Condé.
Vouziers, Sedan, Rocroy, Réthel avec Mézières,
De la France vers Nord forment bien les frontières.

9. ARIÉGE.

L'Ariége a pour chefs-lieux *Foix*, Saint-Girons, Pamiers.
Ce pays nous fournit des mulets estimés ;
Nous y trouvons aussi de vastes pâturages,
Plusieurs mines de fer et d'argent pour partage ;
Pour son eau minérale on lui doit un tribut
Qu'il n'obtient pas de moi, qui n'en ai jamais bu.

10. AUBE.

Urbain IV, Mignard, Girardon, tous les trois,
Naquirent en Champagne, en la ville de *Troyes*.

Arcis-sur-Aube a vu, Bar-sur-Aube a senti,
Que Bar-sur-Seine est beau, Nogent-sur-Seine aussi.
Les villes ci-dessus sont les chefs-lieux de l'Aube,
Où je n'ai point mangé de canard à la daube.

11. AUDE.

Limoux, tout près de l'Aude, et Castelnaudary,
Ville sise non loin du canal du Midi,
Sont les chefs-lieux de l'Aude, et surtout *Carcassonne*
(Évêché, préfecture) et l'antique Narbonne.
Ce pays est fertile en grains, en oliviers ;
On y fait bien du vin, on y voit des mûriers.

12. AVEYRON.

Villefranche, *Rodez*, Roquefort, Saint-Affrique,
Espalion, Milhau, ville philanthropique,
Produisent de bons fruits, d'excellents bestiaux,
Du fer, du vitriol, de l'alun, des pruneaux,
Du cuivre rouge, et puis du soufre, des fromages,
Des carrières de marbre et de gras pâturages.
Les villes ci-dessus, le sol de l'environ,
Sont du département appelé l'Aveyron.

13. BOUCHES-DU-RHONE.

Dans les Bouches-du-Rhône on voit Arles, *Marseille*,
Ville qui, de la France, est, dit-on, la plus vieille,

Aix, où feu Massillon aurait si bien prêché,
Possédant une cour et un archevêché.
Marseille a soutenu le siége mémorable
Du trop fameux César, conquérant redoutable.
On trouve en ce pays oliviers, grenadiers,
Orangers, citronniers, figuiers, amandiers,
Fabriques de savon, corail et tanneries,
Enfin lieux où l'on fait belles tapisseries.

14. CALVADOS.

Chefs-lieux du Calvados : *Caen,* Vire, Lisieux,
Falaise en grand renom, Pont-l'Évêque et Bayeux.
De Malherbe et de Huet, Caen était la patrie :
Le premier se donna tout à la poésie ;
L'autre, évêque avranchin, illustra son pays,
De la religion faisant beaucoup d'amis.
Guillaume le Bâtard a fait, par sa naissance,
Que Falaise est célèbre au-delà de la France.

15. CANTAL.

Les chefs-lieux du Cantal sont : Murat, Mauriac,
La ville de Saint-Flour et l'antique *Aurillac.*
Du général Desaix Saint-Flour est la patrie ;
Et Dubelloy, poète, y prit aussi la vie.
Les chevaux qu'on élève en ce département
Sont au rang des meilleurs de la France à présent.

16. CHARENTE.

Barbezieux, Ruffec, Confolens, *Angoulême*,
Cognac, sur la Charente, en alcool suprême,
De la Charente encor composent les chefs-lieux.
A Cognac, en naissant, François (1) ouvrit les yeux.
Grains, vins, gibier, gros draps y sont en abondance,
De serges, de papier, le commerce est immense.

17. CHARENTE-INFÉRIEURE.

Marennes, Rochefort et Saint-Jean-d'Angély,
Où quiconque est heureux peut trouver un ami,
La Rochelle, Jonzac et Saintes, tout à l'heure
Sont les chefs-lieux de la Charente-Inférieure.
Les liqueurs que l'on fait en ce département
Sont, pour tous les gourmets, d'un goût fin, excellent.

18. CHER.

Bourges de Charles VII était bien la patrie ;
Louis (2) et Bourdaloue y reçurent la vie.
Sancerre, Saint-Amand, *Bourges*, chefs-lieux du Cher,
Ne manquent pas d'argent par leurs mines de fer.
Les bestiaux, le bois, illustrent leurs campagnes ;
On y trouve du lin, du chanvre et des châtaignes.

---

(1) François Ier.
(2) Louis XI.

19. CORRÈZE.

La Corrèze, autrefois étant du Limousin,
Produit fer, cuivre, vin, ardoise et marbre fin.
Brives, *Tulle* et Ussel, chefs-lieux de la Corrèze,
Quand j'ai voulu rimer, ne m'ont pas mis à l'aise.
Je me suis efforcé, puis j'ai dit : Toutefois
Brives donna le jour au cardinal Dubois ;
Tulle prêta son nom à la fine dentelle,
Qui s'y fabrique encore et passe pour très-belle.

20. CORSE.

La Corse a pour chefs-lieux Sartène, Bastia,
Ajaccio, Calvi, Corte, Gateria.
Napoléon Ier a fait, par sa naissance,
Ajaccio célèbre au loin comme en la France.
La Corse, où nous trouvons quelquefois du cristal,
Produit du vin, du blé, des fruits et du métal.

21. COTE-D'OR.

La Côte-d'Or produit le bon vin de Bourgogne,
Qui réjouit le cœur de l'homme à rouge trogne.
Dijon donna le jour à Bossuet, Piron,
~~Soufflot~~, Vauban, Rameau, ~~Sévigné~~, Crébillon.
Dijon, Beaune, Sémur et Châtillon-sur-Seine,
Sont, de la Côte-d'Or, tous les chefs-lieux, sans peine.

Montbard, petite ville en ce département,
A vu naître Buffon, naturaliste en grand.
Soufflot, du Panthéon, fut, dit-on, l'architecte;
Piron, doutant de tout, fit bientôt une secte.

22. COTES-DU-NORD.

Dans les Côtes-du-Nord sont : *Saint-Brieuc*, Dinan,
Lannion, Loudéac, la ville de Guingamp,
Tréguier, Montcontour, Pontrieux, puis Lamballe,
Rostrenen et Corlay, qui n'est pas sans égale.
Montcontour a produit un Hercule du Nord :
Il portait quinze cents, jugez s'il était fort.

23. CREUSE.

Bourganeuf, Aubusson, Boussac, *Guéret* fameuse,
Sont d'un vilain aspect et chefs-lieux de la Creuse.
On trouve peu de blé dans ce département,
Mais l'avoine et le seigle y sont abondamment.
Aubusson n'est pas fort sur les pâtisseries,
Mais son nom est connu par ses tapisseries.

24. DORDOGNE.

Périgueux et Sarlat, où naquit Fénelon,
Bergerac, Ribérac, la ville de Nontron,
Sont chefs-lieux du pays qu'on appelle Dordogne,
De ce département voisin de la Garonne.

L'un des plus beaux esprits, philosophe savant,
Michel Montaigne est né dans ce département,
Et ce département, qui nous donna Montaigne,
Produit aussi le vin, la noix et la châtaigne.

25. DOUBS.

Les chefs-lieux du Doubs sont : Pontarlier, *Besançon*,
Baume et Montbéliard, qui n'est pas sans renom.
Le fromage connu sous le nom de gruyère
Est fait dans ce pays, où l'on brasse la bière.
Les métaux, dans le Doubs, donnent au forgeron
Le plaisir de manger du bœuf et du mouton.

26. DROME.

Nyons, Montélimart, *Valence*, sur le Rhône,
Et Dié également, sont chefs-lieux de la Drôme.
Dans ce département on a des oliviers,
Des savons estimés, des grains, des amandiers,
Beaucoup de bestiaux, du beurre, du fromage,
Des ratines, du vin, mais vin de l'Ermitage.

27. EURE.

Louviers, Les Andelys, Pont-Audemer, *Evreux*,
Puis Bernay, sont de l'Eure aujourd'hui les chefs-lieux.
L'Eure est fertile en grains, en bois, poires et pommes,
Dont on tire du jus qui réjouit les hommes.

Ce fut aux Andelys que le peintre Poussin
Vint au monde, en criant, un jour de grand matin.

28. EURE-ET-LOIR.

Les chefs-lieux d'Eure-et-Loir sont: Dreux, Châteaudun, *Chartres*
Et Nogent-le-Rotrou, qui font le nombre quatre.
Ce pays est fertile en pâtures, en grains,
Mais il produit aussi de médiocres vins.
Dans les Gaules jadis Dreux était remarquable,
En possédant César, conquérant redoutable.

29. FINISTÈRE.

Quimper, Brest, puis Morlaix, Quimperlé, Châteaulin,
Sont dans le Finistère où l'on a de bon lin.
Ce fut près d'Ouessant que la flotte française
Combattit autrefois contre la flotte anglaise.
En mil sept cent soixante-et-dix-huit encor plus,
Les Anglais s'épuisaient en efforts superflus.
Par son bel arsenal Brest est célèbre en France,
Mais le port de Morlaix n'a pas grande importance.

30. GARD.

Dans le Gard nous voyons *Nîmes*, Beaucaire, Uzès,
Sommières, Le Vigan, Saint-Hippolyte, Alais.
Ce pays est charmant, mais surtout dans les plaines.
Nîmes ne manque pas d'antiquités romaines :

Un grand amphithéâtre, à l'effet merveilleux,
Une Maison-Carrée, ouvrage précieux,
Ce bâtiment léger, beau par son élégance,
Preuve d'un grand esprit non taxé d'ignorance,
Un temple pour Diane, un aqueduc, des bains,
Sont de beaux monuments construits par les Romains.

31. GARONNE (HAUTE-).

Toulouse, Saint-Gaudens, Muret et Villefranche,
Sont au rang des terrains les meilleurs de la Manche.
De la Haute-Garonne on a dit les chefs-lieux ;
Il nous reste à parler des produits de ces lieux.
Les grains, les vins, la laine, et de bons pâturages
Font que leurs habitants ont de brillants ménages.
La Garonne, où l'on voit le canal du Midi,
Passe auprès de Toulouse avec son cours hardi.
Des carrières de marbre et des eaux minérales
Donnent à ce pays des richesses rurales.

32. GERS.

Auch, Lectoure, Condom, Mirande et puis Lombès
Sont les chefs-lieux du Gers, aujourd'hui tout en paix.
Autrefois l'ennemi voulait prendre Lectoure,
Mais Lannes défendait le grand roc qui l'entoure,
Et, malgré ses efforts, l'ennemi fut contraint
D'abandonner le siége en vain par lui restreint.

33. GIRONDE.

Blais, Libourne, Bazas, La Réole et Lesparre,
Chefs-lieux de la Gironde, ont du vin, chez moi rare.
Bordeaux, de la Gironde, est le premier chef-lieu,
C'est dans ses environs qu'est né Montesquieu.
Les grains, les vins, les fruits y sont en abondance,
D'excellentes liqueurs le commerce est immense.

34. HÉRAULT.

Les chefs-lieux de l'Hérault sont : *Montpellier*, Saint-Pons,
Lodève avec Béziers, bien fertile en melons.
L'Hérault, ainsi nommé du nom d'une rivière,
A vu naître Mairan et le père Vanière.
Riquet et Pélisson, tous deux ingénieux,
Naquirent à Béziers, séjour délicieux.
Montpellier, préfecture et cour impériale,
N'est pas moins en renom que notre capitale ;
On y trouvait jadis une Université ;
Esculape, aujourd'hui, s'y voit bien visité.

35. ILLE-ET-VILAINE.

Fougères, Saint-Malo, sont dans l'Ille-et-Vilaine,
De même que Vitré, Redon, Montfort et *Renne*.
Le grand Duguay-Trouin, naquit à Saint-Malot,
Il fut bon amiral, il fut bon matelot.
Les Anglais redoutaient sa manœuvre savante ;
Partout il dirigeait sa flotte triomphante.

36. INDRE.

L'Indre a pour ses chefs-lieux Issoudun, *Châteauroux*,
La Châtre et puis Le Blanc, plus joli que le roux.
L'Indre a beaucoup de bois, d'excellentes prairies,
Quantité de moutons dans les herbes fleuries.
On voit dans Issoudun, ville où naquit Baron,
Des fabriques de draps, de toiles, de coton.

37. INDRE-ET-LOIRE.

Chinon, Loches et *Tours*, sont chefs-lieux d'Indre-et-Loire;
Chinon rappelle un nom célèbre dans l'histoire :
Lorsque l'Anglais en France étalait pavillon,
Charles VII habitait la ville de Chinon.
Destouches était de Tours, Descartes de La Haye,
Petit bourg d'Indre-et-Loire, aujourd'hui portant soie.
Ce pays, abondant en légumes, en blés,
Produit du vin, du miel, des pruneaux renommés.

38. ISÈRE.

Dans le département qui se nomme l'Isère,
On a du bois, du fer et du charbon de terre.
Grenoble, sur l'Isère, a vu naître Mably,
Vaucanson, Condillac et Bernard, son ami.
Là sont : Saint-Marcelin, La-Tour-du-Pin et Vienne
Qui, sise sur le Rhône, est une ville ancienne.
Ce pays, où l'on voit de ravissants côteaux,
Produit d'excellents vins, cache plusieurs métaux.

39. JURA.

Les chefs-lieux du Jura, sont : Poligny, Saint-Claude,
Ayant un évêché, *Lons-le-Saunier* et Dôle.
Les villes d'Orgelet, d'Arbois et de Salins
Produisent du maïs, des fruits et de bons vins.
Le Jura, se trouvant près de la Haute-Saône,
Donne naissance à l'Ain, qui se perd dans le Rhône.

40. LANDES.

Les Landes, où l'on voit des chênes, des sapins,
Présentent, vers la mer, des sables et des pins.
Chefs-lieux : *Mont-de-Marsan*, Saint-Sever, Dax et Aire :
Ces vers durs ne sont pas très-faciles à faire.
Du côté de Bordeaux les Landes font du vin,
Et du côté du Gers, on cultive le grain.

41. LOIR-ET-CHER.

Loir-et-Cher nous fournit blé, vin et ganterie,
On y fait des couteaux et la bonneterie.
Chefs-lieux de Loir-et-Cher sont : *Blois*, Romorantin,
Vendôme sur le Loir, où l'on fait de bon vin.
Dans le seizième siècle, à Blois, faut-il qu'on dise ?
Il fut assassiné... Qui ? Le bon duc de Guise.

42. LOIRE.

La Loire a pour chefs-lieux Roanne, Montbrison,
Saint-Etienne, où l'on fait des armes à piston.

Saint-Etienne est content de ses manufactures,
Et ses rubans font bien sur de belles coiffures.
Ce pays, qui produit du blé, du vin amer,
Renferme du charbon et des mines de fer.

43. LOIRE (HAUTE-).

Les chefs-lieux du pays nommé la Haute-Loire
Sont : Brioude, Yssengeaux et *Le Puy*, dit l'histoire.
Le Puy tire son nom du mot gaulois *Pueck*,
Qui veut dire montagne, et qu'on dit sans respect.
C'est au-dessus du Puy qu'un château très-antique,
Bâti sur un rocher, présente son portique.

44. LOIRE-INFÉRIEURE.

La Loire-Inférieure est le département
Où l'on voit Ancenis, *Nantes*, Châteaubriant,
Paimbœuf et Saint-Nazaire, auprès de beaux rivages.
Ce pays qui produit de vastes pâturages,
Fournit aussi du grain, du charbon et des fruits.
On y fait des basins, des serges, des coutils.

45. LOIRET.

Orléans, sur la Loire, évêché, préfecture,
Est une ville grande et belle de nature.
Les chefs-lieux du Loiret sont : Gien, Orléans,
Pithiviers, Montargis, fertiles en safrans.
Le vin, le grain, les fruits y sont en abondance,
Du papier qu'on y fait le commerce est immense.

Autrefois Orléans, en efforts s'épuisait ;
Jeanne-d'Arc, repoussa l'Anglais qui l'assiégeait

46. LOT.

Le Lot, dans le midi, dépend de la Guyenne,
De ses nombreux moutons on estime la laine.
Cahors qui, sur le Lot, a vu naître Marot,
Figeac et Gourdon, sont les chefs-lieux du Lot.
Dans ce département en vins, en fruits fertile,
On a beaucoup de blé, chose partout utile.

47. LOT-ET-GARONNE.

Villeneuve-sur-Lot, Marmande, *Agen,* Nérac,
Produisant de bons blés et de très-bon tabac,
Sont chefs-lieux du pays nommé Lot-et-Garonne,
Où l'on a de bons vins et des fruits de baronne.
Les prunes qu'on récolte en ce département,
Ont, pour les connaisseurs, un goût très-succulent.

48. LOZÈRE.

La Lozère, produit des grains et des châtaignes
Dans ses tristes valons, au pied de ses montagnes.
Marvejols, Florac, *Mende* en sont tous les chefs-lieux ;
Leurs terrains étant froids, ne sont pas fructueux.

49. MAINE-ET-LOIRE.

Dans le département appelé Maine-et-Loire,
Les grains, les fruits, le bois donnent du vin à boire.

Chefs-lieux de Maine-et-Loire : *Angers*, Saumur, Ségré,
Cholet et Beaupréau, la ville de Baugé.
Il s'y fait un commerce assez considérable
De bon chanvre, de lin et de vin confortable.

50. MANCHE.

Avranches dans ses murs vit naître Valhubert ;
Avranches posséda l'évêque Saint-Aubert.
La Manche a pour chefs-lieux *Saint-Lo*, Mortain, Valognes
Avranches où l'on voit rarement des ivrognes,
Cherbourg avec un port où se tient un marché,
Coutances, possédant un ancien évêché.
La Manche a des chevaux bons pour tous les ouvrages ;
Elle renferme aussi d'excellents pâturages.

51. MARNE.

La Marne a pour chefs-lieux Reims, *Châlons*, Epernay,
Puis Sainte-Menehould et Vitry-Le-Français.
Reims, au temps de César, était souvent fatale ;
Car d'une République elle était capitale :
Mais Reims est le dépôt des trois-quarts du vin blanc
Qu'on récolte aujourd'hui dans ce département.
Reims par sa cathédrale honore notre France ;
Et Clovis y reçut un signe de croyance.
A Reims le pain d'épice et les biscuits collés
Sont de bonne saveur et beaucoup estimés.

52. MARNE (HAUTE-).

Jadis la Haute-Marne était de la Champagne ;
La Haute-Marne est riche en sa belle campagne.
Elle a pour ses chefs-lieux Vassy, Langres, *Chaumont*,
Où naquit autrefois le sculpteur Bouchardon.
Langres de Diderot était bien la patrie ;
Car c'est en cet endroit qu'il vint au monde en vie.
Les bons vins que l'on fait dans ce département
Et les grains qu'on y vend procurent de l'argent.

53. MAYENNE.

La Mayenne a le nom d'une grande rivière,
Qui, du Nord au Midi, la coupe tout entière,
La Mayenne produit et du chanvre et du grain ;
On y fabrique aussi des toiles de bon lin.
Ses chefs-lieux sont : *Laval*, Château-Gonthier, Mayenne ;
C'est un département voisin d'Ille-et-Vilaine.

54. MEURTHE.

La Meurthe abonde en sel, en fer, en chanvre, en lin,
En blé, charbon de terre et en assez bon vin.
La Meurthe a pour chefs-lieux : Sarrebourg, Lunéville,
Qui, sise sur la Meurthe, est une belle ville,
Château-Salins, *Nancy* qui vit naître Callot,
Graveur sur diamants, Saint-Lambert, Palissot.

55. MEUSE.

La Meuse, possédant plus d'une verrerie,
Nous a donné Chevert, l'honneur de sa patrie.

La Meuse a pour chefs-lieux *Bar-le-Duc*, Montmédy,
Place forte, Verdun, Saint-Mihiel, Commercy.
Dans ce département tout plein de complaisance,
On a du vin, du blé, du lin en abondance.

56. MORBIHAN.

Vannes puis Pontivy, Lorient, Ploërmel,
Chefs-lieux du Morbihan, nous donnent de bon sel.
Vannes et Lorient sont villes maritimes.
On pêche en ce pays des poissons très minimes.
Le Morbihan produit des blés abondamment,
Des bestiaux prisés et du beurre excellent.

57. MOSELLE.

Thionville, Briey, *Metz* et Sarreguemines,
Chefs-lieux de la Moselle, ont de fer quelques mines.
Dans ce département, qui produit du bon lin,
On fabrique liqueurs, canons, vinaigre et vin.
Le maréchal Fabert est né dans la Moselle,
A Metz, de ce pays la ville la plus belle.

58. NIÈVRE.

La Nièvre a pour chefs-lieux, *Nevers*, Château-Chinon,
Cône avec Clamecy, qui n'est pas sans renom.
La Nièvre nous fournit du bétail ordinaire,
Du blé, des vins, du bois et du charbon de terre.
L'orateur Mirabeau vint au monde à Nevers,
De même que Billaut, qui composa des vers.

59. NORD.

Le Nord a pour chefs-lieux *Lille*, avec Valenciennes,
Puis Hazebrouck, Douai, Cambrai, Dunkerque, Avènes.
Ce pays si fertile en lin, chanvre et houblon,
A joui du bonheur d'entendre Fénelon.
La ville de Dunkerque a donné la naissance
Au célèbre Jean-Bart, l'honneur de notre France.
Les vaches, dans le Nord, font du beurre excellent,
Qui procure aux fermiers de l'or et de l'argent.

60. OISE.

Beauvais, Clermont, Senlis, sont les chefs-lieux de l'Oise,
Pareillement Compiègne, où Jeanne, villageoise,
Fut prise en combattant contre le peuple anglais,
Pour se couvrir de gloire et venger le Français.
L'Oise produit du lin, du blé, de la volaille,
Et puis de très-bon cidre : on y ferait ripaille !

61. ORNE.

L'Orne a pour ses chefs-lieux quatre villes qui son :
Mortagne, avec Domfront, Argentan, *Alençon*.
Des trésors en granit et en cristal de roche,
Sont découverts dans l'Orne, au moyen de la pioche.
Des dentelles toujours dites Point-d'Alençon,
De quiconque les voit, font l'admiration.

62. PAS-DE-CALAIS.

Dans le Pas-de-Calais, sur les bords de la Manche,
Boulogne, Saint-Omer, Montreuil, port sur la Canche,

Saint-Pol, Béthune, *Arras*, où je n'ai point d'aïeux,
De ce département composent les chefs-lieux.
Si l'on veut de la France abandonner la terre,
On s'embarque à Calais ; on passe en Angleterre.

63. PUY-DE-DOME.

Issoire, Ambert, Riom, Thiers et *Clermont-Ferrand*,
Sont dans le Puy-de-Dôme encor au premier rang.
Le Puy-de Dôme abonde en de bons pâturages,
Aussi nous fournit-il du beurre et des fromages ;
Ce pays posséda Pascal, Thomas, Chamfor,
Et il est renommé pour ses eaux du Mont-Dor.

64. PYRÉNÉES (BASSES-).

Pau, loge le préfet des Basses-Pyrénées.
Henri IV y passa ses premières années ;
Sous-préfectures sont : les villes Mauléon,
Bayonne, sur l'Adour, Orthez et Oloron.
Les jambons de Bayonne affriandent les dames,
Pau vit naître Henri, le protecteur des femmes.
L'avoine, le millet, les vins assurément,
Font les plus grands produits de ce département.

65. PYRÉNÉES (HAUTES-).

Dans le département des Hautes-Pyrénées,
Où l'on ne voit partout que monts et que vallées,
On trouve abondamment du millet, puis du blé,
Du fer, du plomb, du seigle et du cuivre estimé.

Ses chefs-lieux sont toujours Argelès et Bagnère,
Puis *Tarbes*, préfecture, évêché débonnaire.
Baréges et Bagnère aux salutaires eaux,
Passent pour posséder toujours de bons chevaux.

66. PYRÉNÉES-ORIENTALES.

Les yeux vers le Midi, je vois les Pyrénées
Que l'Empereur franchit, commandant ses armées.
Perpignan, puis Céret, Prades sont les chefs-lieux
De ce département pittoresque et pierreux ;
Port-Vendres, Callioure, ont eu la destinée
De borner au couchant la Méditerranée.

67. RHIN (BAS-).

Les chefs-lieux du Bas-Rhin sont : Saverne, *Strasbourg*,
Schelestadt, ville forte, ainsi que Wissembourg.
A Strasbourg, le tombeau du maréchal de Saxe,
Chef-d'œuvre de Pigal, fait honneur à l'Alsace.
Un monument pompeux élevé pour Desaix,
De ce grand général atteste les hauts faits.
Le clocher de Strasbourg et puis sa cathédrale
Imitent les beautés de notre capitale.
Son horloge est encore un chef-d'œuvre de l'art.
Le Bas-Rhin ressortit à la Cour de Colmar.

68. RHIN (HAUT-).

Le Haut-Rhin est formé d'un des bouts de l'Alsace ;
Colmar, que l'on y voit, est une forte place ;

Mulhouse, Altkirch, Belfort, boivent d'assez bon vin,
Venant des environs, qui produisent du grain.
Le Haut-Rhin, qui possède un grand nombre de forges,
Touche au département que l'on nomme les Vosges.

69. RHONE.

Le Rhône a pour chefs-lieux Villefranche et *Lyon* ;
On trouve dans le Rhône et du cuivre et du plomb.
Le blé, le vin, les fruits y sont en abondance ;
De soie et de coton le commerce est immense.
Munatius Plancus, fondateur de Lyon,
Fut, sous Jules César, l'ami de Cicéron.

70. SAONE (HAUTE-).

Dans le département nommé la Haute-Saône
On voit Lure, *Vesoul*, et puis Gray, sur la Saône :
Or, de la Haute-Saône on a dit les chefs-lieux,
Mais, pour les mettre en vers, je suis audacieux.
Le blé, le vin, les fruits, donnent beaucoup d'ouvrage
Dans ce pays rempli d'excellents pâturages ;
Et le département qui vient d'être cité,
Se trouve tout entier dans la Franche-Comté.

71. SAONE-ET-LOIRE.

Dans le département appelé Saône-et-Loire,
La ville de *Mâcon*, célèbre dans l'histoire,
Nous présente des vins qui rappellent son nom,
Parce qu'ils sont nommés les bons vins de Mâcon.

De ce département les chefs-lieux sont : Charolles,
Mâcon, Châlon, Autun, Louhans, faisant bricoles.

72. SARTHE.

La Sarthe a pour chefs-lieux Mamers avec le *Mans*,
La Flèche, Saint-Calais, qu'aimaient peu les Normands,
Le Mans est en renom pour sa bonne bougie ;
Le poiré qu'on y fait est bu jusqu'à la lie.
La Sarthe nous fournit du chanvre en quantité,
Sa volaille est très-bonne, on me l'a raconté.

73. SAVOIE.

Dans la Basse-Savoie on a des pâturages,
Puis des vaches à lait, pour faire des fromages.
Chambéry, préfecture, Albertville, Moutiers,
Saint-Jean-de-Maurienne en sont lieux les premiers.
Autrefois la Savoie avait pour capitale
Chambéry, bien gentille et ville épiscopale.

74. SAVOIE (HAUTE-).

Aujourd'hui la Savoie a deux départements,
Qui n'en faisaient jadis qu'un, nommé les Monts-Blancs.
Voulez-vous les chefs-lieux de la Haute-Savoie,
Ce pays montagneux où le ver fait la soie,
Les voici dans ces vers, qui sont de ma façon :
Annecy, Saint-Julien, Bonneville et Thonon.

75. SEINE.

Paris, dont la splendeur ne trouve pas d'égale,
De la France est toujours la ville capitale.

La Seine a pour chefs-lieux Sceaux et Saint-Denis,
Et même, qui plus est, la ville de Paris.
La ville de Paris a vu naître Voltaire,
Le malin Despréaux, Rollin, le grand Molière.
Sur ce département je ne m'étendrai pas ;
Mon plan est trop succinct pour dire ses appas.
Quant à ses monuments, je laisse à d'autres plumes,
Le plaisir d'enfanter quantité de volumes.

76. SEINE-INFÉRIEURE.

La Seine-Inférieure est un départemen,
Dont tous les chefs-lieux sont : la ville de *Rouen*,
Le Havre, Neufchâtel, Yvetot et Dieppe,
Où le larron surtout mérite qu'on le guette.
Ce pays est fertile en colza, lin et blé ;
On y fait du bon cidre, et du très-bon poiré.

77. SEINE-ET-MARNE.

La Seine-et-Marne est riche en vin, en pâturage ;
Mais ce vin ne vaut pas le vin de l'Ermitage.
Melun, Fontainebleau, Provins, Meaux, Coulommiers,
De ce département sont les lieux les premiers.
Meaux garde Bossuet, d'éternelle mémoire,
Cet évêque éminent et divin dans l'histoire.
Louis XIII et Henri (1) nés à Fontainebleau,
N'étaient pas malheureux dans un royal château.

---

(1) Henri III.

78. SEINE-ET-OISE.

Versailles, Rambouillet, Corbeil, Mantes, Pontoise,
Sont chefs-lieux du pays appelé Seine-et-Oise.
Étampes est aussi chef-lieu dans ce pays,
D'où l'on voit aisément les remparts de Paris.
Un parc et un château, faits au sein de Versailles,
Sont admirés des grands, méprisés des canailles.

79. SÈVRES (DEUX-).

Quand je veux mettre en vers les mots dits les Deux-Sèvres,
Je n'ai rien, pour rimer, de mieux que mes deux lèvres;
Et, pour bien arranger, *Niort* et Parthenay,
Après Melle, Bressuire, on place Darthenay.
Les villes ci-dessus sont chefs-lieux des Deux-Sèvres,
Qui produisent du bois, de l'avoine et des fèves.

80. SOMME.

Si je veux de la Somme annoncer les chefs-lieux,
Les villes-ci-dessous paraissent à mes yeux :
Doullens, Montdidier, Péronne, en Picardie,
Abbeville, *Amiens*, de Gresset la patrie,
Produisent du colza, des légumes, du lin,
Du bon blé, des moutons, et du chanvre très-fin.

81. TARN.

Les chefs-lieux du grand Tarn sont au nombre de quatre :
Gaillac, *Alby*, Lavaur et la ville de Castre.

Les grains, les vins, le lin, le chanvre assurément,
Sont d'un très-grand produit dans ce département.
De fer, de plomb, de houille, on y voit quelques mines ;
On y fabrique aussi des toiles, des ratines.

82. TARN-ET-GARONNE.

Tarn-et-Garonne abonde en bétail, en gibier,
Ses fruits sont excellents en août plus qu'en janvier.
Ses raisins bien mûris font du vin confortable,
Que je me trouve heureux de servir à ma table.
Montauban, puis Moissac, et Castelsarrasin,
Chefs-lieux de ce pays, produisent de bon grain.
Tarn-et-Garonne a pris les noms de deux rivières,
Qui l'arrosent, roulant leurs eaux vers les frontières.

83. VAR.

Brignoles, *Draguignan*, Fréjus, Argent, Toulon
Ont joui du bonheur d'entendre Massillon :
Ce grand prédicateur, dans sa tendresse extrême,
Pour les pauvres pécheurs, composa son carême.
Le Var, où sont ces lieux, produit des oliviers,
Des vins, des orangers et de beaux citronniers.

84. VAUCLUSE.

Dans le département que l'on nomme Vaucluse,
On fait d'excellents vins, dont un ivrogne abuse.
Vaucluse a pour chefs-lieux Carpentras, *Avignon*,
Apt, Orange, où jamais je n'éprouvai guignon.

Ce pays autrefois était de la Provence ;
Il fournit aujourd'hui le safran, la garance :
On y cultive aussi les grains, les oliviers ;
On n'y néglige pas les mûriers, les lauriers.

85. VENDÉE.

Ce fut de la Vendée, en les Sables-d'Olonne,
Que sortit autrefois la fameuse colonne,
Qui, prenant pour son chef Larochejaquelin,
Résista si longtemps et fit tant de chemin.
Chefs-lieux : *Bourbon-Vendée* et Fontenay-le-Comte,
Puis les Sables-d'Olonne, accomplissant le compte.

86. VIENNE.

La Vienne a pour chefs-lieux Civray, Montmorillon,
Loudun, Châtellerault, *Poitiers*, d'un grand renom.
La Vienne a pris le nom d'une rivière antique ;
Elle produit du bois, du blé, du vin tonique.
Les fruits, le lin, le chanvre et du miel excellent,
Procurent le bonheur en ce département.

87. VIENNE (HAUTE-).

Limoges, préfecture et cour impériale,
Du Limousin, jadis étant la capitale,
A vu naître Dorat, Marmontel, Daguesseau,
Qui fut chancelier et fier d'un nom si beau.
Bellac, Limoges, sont chefs-lieux de Haute-Vienne,
Avec Saint-Yrieix, Rochechouart ancienne.

88. VOSGES.

Saint-Dié, Neufchâteau, Mirecourt, *Epinal*,
Et puis Remiremont, forgent bien du métal.
Les villes ci-dessus sont les chefs-lieux des Vosges,
Qui produisent du vin, de l'avoine et des orges.
La terre a dans son sein, en ce département,
Du fer, du plomb, du cuivre, et même un peu d'argent.

89. YONNE.

L'Yonne a pour chefs-lieux Sens, Avallon, Tonnerre,
La ville de Joigny, par dessus tout *Auxerre*.
L'Yonne, qui nourrit quantité de troupeaux,
Produit d'exellents vins, que l'on met en caveaux.
Auxerre a son circuit entouré de vignobles,
Qui rendent ses abords aussi jolis que nobles.

COURS
DES QUATRE PRINCIPAUX FLEUVES

DE LA FRANCE, MIS EN VERS

LA SEINE.

C'est dans la Côte-d'Or et tout près de Saint-Seine
Que l'on trouve aisément la source de la Seine.
La Seine n'est d'abord qu'un très-faible ruisseau,
Mais de droite et de gauche elle reçoit de l'eau.
La Seine, dont le cours passe à Troye en Champagne,
S'en va baigner Melun et sa belle campagne ;
Puis, en suivant sa pente, arrive dans Paris,
Pour aller aussitôt visiter Saint-Denis.
La Seine prend les eaux de l'Yonne et de l'Eure ;
Elle arrose Rouen, en Seine-Inférieure,
Et le Havre reçoit avec empressement
Ce que la Seine apporte au peuple intelligent.

LA LOIRE.

Aux Cévennes, toujours dans l'Ardèche, on peut boire
A la source sans fin, la source de la Loire.
Par Roanne, Nevers, Orléans, Blois et Tours,
Par Amboise, Saumur, la Loire fait son cours.
Elle reçoit l'Allier, le Loiret, le Cher, l'Indre,
Et ses débordements sont quelquefois à craindre.

Après Nantes la Loire entre dans l'Océan
Et ne présente plus à l'œil que le néan.

LE RHONE.

C'est au mont Saint-Gothard qu'est la source du Rhône ;
Il arrose Lyon, en recevant la Saône ;
Passe à Vienne, à Valence, entre dans Avignon ;
S'en va mouiller après Beaucaire et Tarascon.
Et, par Arles, son eau fugitive et troublée
Vient trouver au Midi la Méditerranée.
La Suisse montueuse est la mère du Rhin,
Le Rhône y prend sa source ainsi que le Tessin.

LA GARONNE.

La Garonne a sa source au pied des Pyrénées,
Où l'on ne voit partout que des monts, des vallées ;
Elle arrose Toulouse, Agen et puis Bordeaux,
Prenant des deux côtés rivières et ruisseaux,
Et, poursuivant son cours, se perd dans l'Atlantique,
Où l'on voit des vaisseaux venant de l'Amérique.

PRINCIPAUX CANAUX DE LA FRANCE

Canal de Bourgogne.

Pour donner un seul cours à la Saône à l'Yonne
On a fait un canal, dit canal de Bourgogne.

Canal de Saint-Quentin.

Par un canal, nommé canal de Saint-Quentin,
Oise, Somme et l'Escaut ont un même destin :
Par ce même destin j'explique mes pensées,
En disant que leurs eaux se trouvent mélangées.

Canal de l'Ourcq.

Au moyen d'un canal, que l'on a fait jadis,
La rivière de l'Ourcq arrive dans Paris.

Canal du Rhône.

Il existe un canal allant du Rhin au Rhône,
Qui, depuis quelque temps, joint le Rhin à la Saône.

Canaux de Loing, Briare, Orléans.

Par trois canaux, nommés Loing, Briare, Orléans,
Deux fleuves sont unis déjà depuis longtemps.
Vous connaissez leurs noms, la Seine et puis la Loire.
Je ne me trompe pas, ou c'est après l'histoire.

Canal du Centre.

A la Loire, à la Saône, est un lien commun,
C'est le canal du Centre au public opportun.

Canal du Midi.

Du canal du Midi, c'est bien la destinée
D'unir à l'Océan la Méditerranée.

VERS SUR LES ANCIENNES PROVINCES

QUI ONT FORMÉ PLUSIEURS DÉPARTEMENTS

BERRY.

Le Berry n'a formé que deux départements;
Ce sont : l'Indre et le Cher, en moutons abondants.

BOURGOGNE.

La Saône-et-Loire, l'Ain, la Côte-d'Or, l'Yonne,
Sont des départements formés de la Bourgogne.

FRANCHE-COMTÉ.

Jura, Doubs, Haute-Saône, en la Franche-Comté,
Renferment Besançon, Vesoul, Lons-le-Saulnié.

ALSACE.

Le Haut-Rhin, le Bas-Rhin sont formés de l'Alsace ;
Colmar, que l'on y voit, est une forte place.

LORRAINE.

Le Lorraine a formé quatre départements,
Que je vais vous nommer tous dans quelques moments :

Ce sont : Meuse, Moselle, où l'on voit Thionville,
Les Vosges et la Meurthe, où l'on a Lunéville.

ILE-DE-FRANCE.

La Seine, Seine-et-Oise, à l'attrait séduisant,
Seine-et-Marne, Aisne et Oise, aussi pareillement,
Ne laissent pas d'avoir une grande importance
Dans le gouvernement nommé l'Ile-de-France.

CHAMPAGNE.

L'Aube, la Haute-Marne, où nous trouvons Chaumonts,
Les Ardennes, la Marne, où nous avons Châlons,
Sont au nord de la France, en la belle campagne,
Que l'on connaît partout sous le nom de Champagne.

LYONNAIS.

Le Rhône, en Lyonnais, s'honore de Lyon ;
Saint-Etienne, en la Loire, a primé Montbrison.

PROVENCE.

La Provence a formé le Var, les Alpes-Basses,
Et les Bouches-du-Rhône, où Puget fit ses classes.

DAUPHINÉ.

Hautes-Alpes, la Drôme, Isère en Dauphiné,
Produisent de bons vins, qu'on nous sert au dîné.

LANGUEDOC.

Hérault, Haute-Garonne, Ardèche, Haute-Loire,
Aude, Lozère, Tarn et le Gard, dit l'histoire,

Sont huit départements formés du Languedoc,
Où l'on fait de bons vins comme dans le Médoc.

GUYENNE ET GASCOGNE.

Le gouvernement dit : La Guyenne et Gascogne
A formé l'Aveyron, les Landes, la Dordogne,
La Gironde, le Gers, Lot-et-Garonne et Lot,
Qui, dans le temps jadis, a vu naître Marot,
Tarn-et-Garonne, avec les Hautes-Pyrénées,
Pays fort montagneux coupé par des vallées.

ORLÉANAIS.

Loir-et-Cher, Eure-et-Loir, Loiret d'Orléanais,
Ont toujours pour chefs-lieux, Orléans, Chartres, Blois.

NORMANDIE.

L'Orne, le Calvados, la Seine-Inférieure,
Sont dans la Normandie avec la Manche et l'Eure.

MAINE ET PERCHE.

Maine et Perche ont formé les deux départemens
Nommés Mayenne et Sarthe, où sont Laval, le Mans.

BRETAGNE.

La Bretagne a formé Morbihan, Finistère,
Puis les Côtes-du-Nord, tout près de l'Angleterre.
La Loire-Inférieure avec son petit port,
Enfin, l'Ille-et-Vilaine, où l'on trouve Montfort.

POITOU.

Les Deux-Sèvres, la Vienne et la Vendée en tout,
Sont trois départements composés du Poitout.

LIMOUSIN.

Haute-Vienne et Corrèze, où l'on fait du gros vin,
Sont deux départements, formés du Limousin.

AUVERGNE.

Puy-de-Dôme et Cantal, de l'Auvergne formés,
Produisent des chevaux et du beurre estimés.

Ci-dessous les treize autres provinces qui n'ont formé chacune qu'un seul département. Elles sont précédées de leurs chefs-lieux et mises sur deux colonnes, pour être plus facilement apprises :

La Rochelle, en Saintonge et Aunis.
Lille, en Flandre.
Arras, en Artois.
Amiens, en Picardie.
Perpignan, en Roussillon.
Foix, en Comté de Foix.

Pau, en Béarn.
Angoulême, en Angoumois.
Angers, en Anjou.
Tours, en Touraine.
Nevers, en Nivernais.
Moulins, en Bourbonnais.
Guéret, en la Marche.

ABRÉVIATIONS :

Préf. : préfecture.— *S.-préf.* : sous-préfecture.— *Trib.* : tribunal.
Coll. : collége.— *Archev.* : archevêché.— *Myr.* : myriamètre.

NOTES SUR CHAQUE DÉPARTEMENT

1. AIN.

Bourg, préf., à 43 myr. de Paris, est la patrie de Coligny, Vaugelas et Lalande. Trévoux a été illustrée par les Jésuites, et possède un trib. de 1re inst. Nantua est une ville industrieuse, elle a un trib. de 1re inst. Belley possède un évêché et un trib. de 1re inst. Gex est près de la Suisse.

2. AISNE.

Laon, préf., trib., à 13 myr. de Paris. Soissons, sur l'Aisne, évêché, trib., ville très ancienne, était la capitale d'un royaume qui en portait le nom; Clovis y avait fixé le siége de son empire. Château-Thierry, trib., sur la Marne. Saint-Quentin, trib., ville très commerçante, sur la Somme. Vervins, trib., célèbre par la paix de 1598, entre Henri IV et Philippe II, roi d'Espagne. Lieu remarquable : Saint-Gobain, où se trouve la belle manufacture de glaces.

3. ALLIER.

Moulins, sur l'Allier, préf., évêché, coll., trib., à 29 myr. de Paris, est connue par sa coutellerie. Le chevalier Bayard est né à Grenoble, dans le département de l'Isère. Montluçon, trib. Gannat, trib. La Palisse, trib. L'Allier a des forges et des filatures de lin et de chanvre. On y fait un grand commerce de bœufs, de porcs et de poissons. Lieux remarquables de l'Allier : Bourbon-l'Archambault, Vichy et Néris, renommés pour leurs eaux thermales. Commentry, magnifiques forges et fabriques de glaces.

4. ALPES (BASSES-).

Digne, à 75 myr. 1/2 de Paris, a un évêché, et est préf. dans les Basses-Alpes. Les s.-préf. de ce département sont : Barcelonnette, Castellane, Sisteron et Forcalquier. Sisteron a une bonne citadelle. Ce département produit du blé, des fruits et même du vin : il y a aussi des mines de divers métaux et des sources d'eaux minérales et salées.

5. ALPES (HAUTES-).

Gap, à 66 myr. 1/2 de Paris, a un évêché et est préf. dans les Hautes-Alpes. Les s.-préf. de ce département sont : Briançon, située sur une montagne, et Embrun. Briançon est une des plus fortes places de l'Europe. Gap, avant d'avoir été incendiée dans la guerre de 1664, était une ville très-importante.

6. ALPES-MARITIMES.

Nice est le chef-lieu de préf. dans les Alpes-Maritimes, et les s.-préf. sont : Grasse et Puget-Théniers. Lieux remarquables : Cannes où Napoléon Ier débarqua en 1815, à son retour de l'île d'Elbe ; les îles de Lérins, qui appartiennent à ce département.

7. ARDÈCHE.

Privas, préf. trib. est à 60 myr. 1/2 de Paris. Viviers possède l'évêché de ce département, qui produit de bons vins. Tournon où l'on remarque un beau pont suspendu sur le Rhône : C'est le premier pont en fil de fer qu'on ait construit en France.

8. ARDENNES.

Mézières, à 23 myr. 1/2 de Paris, est une place forte, dont la Meuse fait une presqu'île : Rocroi, célèbre par la victoire que le grand Condé, alors duc d'Enghien, y remporta sur les Espagnols, le 19 mai 1643. Sedan est renommée pour ses draps. Ce département possède des mines de fer et des carrières de marbre. On y fait commerce de clous et autres objets de ferronnerie.

9. ARIÉGE.

Foix, à 75 myr. 1/2 de Paris, préf. trib. Pamiers, évêché, sur l'Ariège. Saint-Girons, trib.

10. AUBE.

Troyes, à 16 myr. de Paris, était la capitale de la Champagne. Urbain était pape, Mignard était peintre et Girardon était sculpteur. L'Aube produit des grains, des vins et possède des papeteries et des fabriques de bonneterie. Lieux remarquables : Brienne, qui possédait en 1789 une école militaire, où Napoléon Ier fut élevé; Clairvaux, illustrée par saint Bernard. Troyes, qui possède une belle cathédrale.

11. AUDE.

Carcassonne, préf., évêché, trib., est à 76 myr. 1/2 de Paris. Ce département possède plusieurs manufactures; il s'y fait un grand commerce. Narbonne, ville romaine, renferme des antiquités remarquables.

12. AVEYRON.

Rhodez, sur l'Aveyron, préf., évêché, trib., coll., est à 67 myr. de Paris. Villefranche, patrie du maréchal de Belle-Isle. Dans ce département on fait du fromage connu sous le nom de Roquefort. C'est à Saint-Geniès-de-Rivedolt, petite ville de ce département, qu'est né Raynal.

13. BOUCHES-DU-RHONE.

Marseille, avec un très-beau port sur la Méditerranée, préf., évêché, coll., trib., à 81 myr. de Paris, est célèbre dans l'histoire ancienne et moderne. C'est la ville de France dont l'existence remonte au temps le plus reculé; son port, qui est un bassin de forme ovale, peut contenir 1,200 navires. Aix, archev., cour, trib. Arles est une des plus anciennes villes des Gaules.

14. CALVADOS.

Caen, préf., cour, trib., coll., sur l'Orne, à 26 myr. 1/2 de Paris. Bayeux, sur l'Aure, évêché, trib. Pont-l'Évêque, trib. Lisieux, trib., ancienne ville sur la Toucques. Falaise, trib. Vire, trib. Honfleur, bon port, près de l'embouchure de la Seine. Lieux remarquables : Isigny et Condé-sur-Noireau. Ce département abonde en pâturages; il produit des pommes et fait commerce de bétail, de toiles et d'étoffes.

15 CANTAL.

Aurillac, préf., trib., à 54 myr. de Paris. Saint-Flour, évêché. Mauriac, trib. On estime surtout les chevaux qu'on élève aux environs et qui passent pour les meilleurs de la France.

Murat, trib. Aurillac est la patrie du pape Sylvestre II. Le Cantal tire son nom d'un groupe de montagnes dont la plus haute, appelée le Plomb de Cantal, excède d'environ 330 mètres le niveau de la mer. Ce département ne produit que du bétail et d'excellents pâturages. Ses principales fabriques sont des papeteries; il est d'ailleurs fort pauvre.

16. CHARENTE.

Angoulême, préf., évêché, trib., patrie de Balzac, est à 46 myr. 1/2 de Paris. Ruffec, trib. Confolens, trib. Barbézieux, trib. Cognac, trib., célèbre par ses eaux-de-vie, est la patrie de François Ier. Ce département possède des fonderies et des papeteries, et le fer de ses mines est l'objet d'un commerce considérable.

17. CHARENTE-INFÉRIEURE.

La Rochelle, à 48 myr. de Paris, préf., évêché, trib., port de mer sur l'Océan, et patrie du physicien Réaumur, est célèbre par le siége que les calvinistes y soutinrent contre Louis XIII. Rochefort, préf. maritime, port célèbre par son arsenal. La Charente-Inférieure produit du vin, du chanvre et du lin. Les îles de Ré et d'Oléron sont vers les côtes de ce département et en dépendent; la première est au nord et la seconde au sud. Saint-Jean-d'Angely, trib. Jonzac, trib. Marennes, trib.

18. CHER.

Bourges, à 23 myr. 1/2 de Paris, magnifique cathédrale gothique, préf., archev., cour et coll. Sancerre, trib. Saint-Amand, trib. Lieux remarquables : Vierzon, Gré-le-Pré, renommés pour leurs forges.

19. CORRÈZE.

Tulle, préf., évêché, trib., à 46 myr. de Paris, Ussel, trib., Brives, surnommée la Gaillarde, trib.

20. CORSE.

Ajaccio, préf., évêché, trib., à 88 myr. de Paris, a vu naître Napoléon Bonaparte. Sartène, trib. Bastia, cour, trib. Calvi, trib. Corté, trib. L'air est malsain dans la Corse, le sol est couvert de montagnes, peu fertile et mal cultivé. Gateria n'est point un chef-lieu d'arrondissement, mais seulement un chef-lieu de canton.

21. COTE-D'OR.

Dijon, préf., évêché, cour, trib., coll., à 30 myr. 1/2 de Paris, a des rues grandes et bien pavées. Les États de Bourgogne s'y tenaient autrefois. C'est la patrie de Philippe-le-Bon, de Jean-sans-Peur, de Bossuet, prêtre, de Piron, philosophe, de Soufflot, architecte, de Vauban, maréchal de France, de Rameau, musicien, de Sévigné, auteur et poète, de Crébillon, poète. La Côte-d'Or tire son nom d'une chaîne de petites montagnes, qui produisent les meilleurs vins de France. C'est aussi de Beaune que l'on tire de très-bon vin.

22. COTES-DU-NORD.

Saint-Brieuc, évêché, port commerçant, est à 44 myr. 1/2 de Paris. Dinan a des eaux minérales. Ce département est fertile en grains, chanvre, lin, miel et en excellents pâturages. Lieux remarquable : Quintin, manufactures de toiles.

23. CREUSE.

Guéret, à 43 myr. de Paris, est mal bâtie et mal située. Boussac. Le trib. de 1re instance est à Chambon. Il y a de bons pâturages dans la Creuse.

24. DORDOGNE.

Périgueux, renommée pour ses pâtés truffés, est à 47 myr. 1/2 de Paris. Bergerac est située sur la rive droite de la Dordogne. On trouve en ce pays des mines de fer et par conséquent, un grand nombre de forges. C'est dans l'arrondissement de Bergerac qu'est né Montaigne.

25. DOUBS.

Besançon, archev., citadelle très-forte, magnifique bibliothèque, cour et coll., est à 39 myr. 1/2 de Paris. Montbéliard, patrie de Cuvier, était autrefois une principauté allemande. Pontarlier, passage en Suisse. On fait beaucoup de fromages de Gruyère dans les environs de Pontarlier.

26. DROME.

Valence, évêché, bonne citadelle, préf., trib., est à 56 myr. de Paris. Pie VI y mourut en 1799. Les orangers viennent en pleine terre à Montélimart.

27. EURE.

Evreux, préf., évêché, trib., est à 10 myr. 1/2 de Paris. Louviers est célèbre par ses manufactures de draps. L'Eure possède des mines de fer très-riches et des eaux minérales. Lieux remarquables : Gisors, Verneuil, Ivry, Vernon et Quillebœuf.

28. EURE-ET-LOIR.

Chartres, sur l'Eure, préf., évêché, trib., est à 9 myr. 1/4 de Paris. Châteaudun, sur le Loir, trib. Dreux, trib., ville ancienne et l'une des plus considérables des Gaules sous Jules César; elle était la résidence du chef des druides, ou prêtres de ce temps-là. Il s'y donna, sous Charles IX, en 1562, une fameuse bataille où le prince de Condé fut fait prisonnier. C'est à Dreux que l'on remarque les tombeaux des ducs d'Orléans.

29. FINISTÈRE.

Quimper, préf., évêché, trib., à 62 myr. 1/4 de Paris. Brest, trib., préfecture maritime, port de mer, avec une rade assez vaste pour abriter toutes les flottes de l'Europe, est célèbre surtout par son arsenal et sa maison d'arrêt. Morlaix, trib., avec un petit port sur la Manche. Châteaulin, trib. Quimperlé, trib. Les îles d'Ouessant, situées sur la côte de ce département, en font partie; elles sont célèbres par un combat naval qui s'y livra entre les Français, commandés par le comte d'Orvilliers, et les Anglais, en 1778, où les Anglais eurent le dessous. Ce département produit du blé, du lin, du chanvre, des légumes, des ardoises et du plomb. On y fait un grand commerce de poisson.

30. GARD.

Nîmes, préf., évêché, cour, trib., coll., possédant des fabriques considérables de soieries, est la ville la plus remarquable de toute la France par ses antiquités, et elle est à 70 myr. 1/2 de Paris. Saint-Hippolyte n'est pas un chef-lieu d'arrondissement, il se trouve employé pour compléter un vers. Alais fait un grand commerce de soieries. Uzès, où l'on admire l'aqueduc appelé le Pont-du-Gard, construit par les Romains. Le Vigan est la patrie du chevalier d'Assas. Lieux remarquables : Beaucaire, remarquable par la foire qui s'y tient tous les ans. Le Pont-Saint-Esprit, qui a sur le Rhône un pont de 800 mètres de long ; les forges et les houillères de la Grand-Combe. L'aqueduc appelé Pont-du-Gard, près la ville de Nîmes, est un ouvrage inconcevable pour la grandeur et la solidité de l'architecture. Le Gard produit des oliviers en abondance ; on y fait des huiles ; on y recueille aussi de bons vins.

31. GARONNE (HAUTE-).

Toulouse, sur la Garonne, préf., archev., cour, trib., coll., à 67 myr. de Paris, ville ancienne, très-riche en monuments, dont les plus remarquables sont le Capitole et la cathédrale, est célèbre par le goût de ses habitants pour les beaux-arts. Muret est célèbre par la défaite des Albigeois, en 1213. Lieux remarquables : Bagnères-de-Luchon, connue par ses eaux minérales. Le canal du Midi est un des plus beaux ouvrages du règne de Louis XIV, il a été fait pour joindre la Méditerranée à l'Atlantique.

32. GERS.

Auch, préf., archev., trib., sur le Gers, est à 74 myr. de Paris. Le Gers produit du grain, de beaux fruits et d'assez bons vins ; on y fabrique de bonnes eaux-de-vie ; on y élève beaucoup de porcs et de mulets. Lectoure est la patrie du maréchal Lannes, duc de Montebello, qui mourut sur l'île Lebau, après la grande bataille d'Essling, sur la rive gauche du Danube, le 23 mai 1809.

33. GIRONDE.

Bordeaux, sur la Gironde, avec un bon port, préf., archev., cour, trib., coll., patrie du pape Clément V et de Berguin, à 57 myr. de Paris, est une des plus belles villes de France. Blaye, forteresse. Lieux remarquables : Médoc, renommé pour ses vins. Saint-Vivien, salines importantes. La Gironde possède de riches manufactures.

34. HÉRAULT.

Montpellier, préf., évêché, cour, trib., coll., à 75 myr. 1/4 de Paris. Béziers, célèbre par ses eaux-de-vie. Lodève, grandes fabriques de draps. Lieux remarquables : Cette, port important sur la Méditerranée ; Lunel et Frontignan, renommées pour leurs vins ; Pézénas, renommée pour ses eaux-de-vie. L'Hérault est fertile en grains et en fruits; la vigne, les oliviers, les mûriers y viennent bien; on y fait un grand commerce d'eau-de-vie, bestiaux, laines, huiles, soieries, etc. Montesquieu, écrivain, Riquet, auteur du canal du Midi, Pélisson, historien, Mairan, physicien et géomètre, sont nés dans ce département.

35. ILLE-ET-VILAINE.

Rennes, préf., évêché, cour, coll., à 34 myr. 2/3 de Paris, est la patrie de Duguesclin. Saint-Malo, port de mer, trib., est bâtie sur un rocher. C'est la patrie de Duguay-Trouin, l'honneur de la marine française; c'est aussi la patrie de Châteaubriand. Ce département produit d'excellent beurre, connu sous le nom de beurre de la Prévalaye. Lieux remarquables : Cancale, port renommé pour ses huîtres; Saint-Servan, port où l'on arme pour la grande pêche.

36. INDRE.

Châteauroux, préf., trib., à 26 myr. de Paris. Issoudun fait un commerce considérable de bois. Baron est le créateur de la belle déclamation en France. Les laines font une des principales richesses du département de l'Indre.

37. INDRE-ET-LOIRE.

Tours, préf., archev., trib., coll., à 24 myr. 1/4 de Paris, est la patrie de Destouches, auteur comique. On y fait un grand commerce de soieries. L'immortel Descartes était philosophe. Lieux remarquables : Plessis-lès-Tours, où Louis XI passa ses dernières années; Amboise avec son beau château; Mettray, colonie agricole.

38. ISÈRE.

Grenoble, préf., évêché, cour, trib., coll., à 56 myr. 3/4 de Paris, est la patrie du chevalier Bayard, du poète Bernard, de l'orateur Barnave, de Vaucanson, mécanicien, de Condillac, philosophe, et de Mably. Lieu remarquable : La Grande-Chartreuse, fondée par saint Bruno, en 1084.

39. JURA.

Lons-le-Saulnier, préf., trib., est à 41 myr. de Paris et doit son nom aux nombreuses sources d'eaux salées qu'elle renferme. Le Jura produit du blé, des légumes; il a des mines de fer, de cuivre, de plomb, et des eaux minérales. Arbois est renommée pour ses vins blancs. Salins doit son nom à ses salines. Dôle était l'ancienne capitale de la Franche-Comté.

40. LANDES.

Mont-de-Marsan, fondée par Charlemagne, préf., trib., à 70 myr. de Paris. Lieux remarquables : Pouy, où naquit saint Vincent de Paul; Aire, évêché. Sur la côte, les Landes ne présentent absolument que des sables, des pins et des bruyères.

41. LOIR-ET-CHER.

Blois, sur la Loire, préf., évêché, trib., à 18 myr. de Paris, est célèbre par les États qui s'y tenaient dans le xvie siècle. Le cardinal de Guise fut assassiné à Blois, en 1588. A quelques myriamètres de cette ville se trouve le magnifique château de Chambord, bâti par François Ier.

42. LOIRE.

Saint-Étienne, préf., trib., à 47 myr. 1/3 de Paris, est célèbre par son école des mines et ses manufactures d'armes et de rubans. Montbrison était l'ancienne capitale du Forez. Roanne, sur la Loire, possède un tribunal de 1re instance. Ce département doit son nom à la Loire, qui le traverse.

43. LOIRE (HAUTE-).

Le Puy, qui possède une magnifique cathédrale gothique, préf., évêché, trib., est à 50 myr. 1/2 de Paris. Le château, cité dans les vers, et sa situation rappellent les siècles de la féodalité. C'est de la Haute-Loire qu'on tire ces beaux marrons, connus sous le nom de marrons de Lyon. On y élève beaucoup de bestiaux et des mulets estimés.

44. LOIRE-INFÉRIEURE.

Nantes, sur la Loire, port, préf., évêché, trib., coll., est à 39 myr. de Paris. C'est dans cette ville que Henri IV donna, en 1598, l'édit en faveur des protestants; édit qui fut révoqué, en 1685, par Louis XIV. Lieux remarquables : Le Pouliguen, Indret, fonderie de l'État.

45. LOIRET.

Orléans, préf., évêché, cour, coll., trib., à 12 myr. 1/3 de Paris, est célèbre par le siége qu'elle soutint, en 1428, contre les Anglais qui furent repoussés par Jeanne d'Arc. On trouve dans ce département une belle forêt, connue sous le nom de forêt d'Orléans. Montargis est célèbre par ses manufactures de papier. Beaugency est remarquable par son grand commerce de vins.

46. LOT.

Cahors, préf., évêché, coll., trib, à 56 myr. de Paris, est la patrie de Clément Marot, poëte.

47. LOT-ET-GARONNE.

Agen, préf., évêché, cour, trib., patrie de Scaliger, est à 71 myr. 1/2 de Paris.

48. LOZÈRE.

Mende, grand commerce de serges, préf., évêché, trib., à 56 myr. 1/2 de Paris.

49. MAINE-ET-LOIRE.

Angers, préf., évêché, cour, trib., coll., belle cathédrale, ville belle, grande et bien bâtie, est à 30 myr. de Paris. Ce département produit du bois et des fruits. Il s'y fait un grand commerce de bestiaux et d'ardoises, qui y sont estimées. Beaupréau, ancien chef-lieu d'arrondissement, n'est plus aujourd'hui qu'un chef-lieu de canton. Saumur, école de cavalerie, Beaugé et Chollet, fabriques de toile.

50. MANCHE.]

Saint-Lo, préf., trib., remarquable par ses belles églises, est à 32 myr. 1/2 de Paris. Cherbourg, ville forte, port très commerçant et port militaire très considérable. Lieux remarquables : Granville, port maritime; le Mont-Saint-Michel, merveille.

51. MARNE.

Châlons-sur-Marne, l'une des plus anciennes villes de France, préf., évêché, trib., est à 16 myr. 1/2 de Paris, et a une belle cathédrale. Reims, archev., trib., coll., est le lieu où Clovis fut baptisé et où se faisait le sacre des rois de France. Epernay, trib., jolie ville, renommée pour ses vins. Vitry-le-Français, ville fondée en 1545 par François Ier. Sainte-Menehould, célèbre par ses verreries. Ce département produit une grande quantité d'excellents vins. L'air y est très-pur, excepté dans le voisinage des marais. Lieu remarquable : Valmy où Kellermann défit les Prussiens en 1792. Kellermann et Kléber étaient de Strasbourg.

52. MARNE (HAUTE-).

Chaumont, préf., trib., est à 25 myr. de Paris. Langres est une des plus hautes villes de France. Lieux remarquables : Joinville, patrie du sire de Joinville et du cardinal de Lorraine. Bourbonne-les-Bains, remarquable par ses eaux minérales. Diderot professait ouvertement le matérialisme et l'athéisme.

53. MAYENNE.

Laval, où l'on fabrique des toiles, préf., trib., est à 28 myr. de Paris. Ce département possède des blanchisseries, ainsi que des manufactures de draps et de toiles, et des forges. Lieux remarquables : Evron. Ernée, fabriques importantes.

54. MEURTHE.

Nancy, préf., évêché, cour, trib., coll., à 33 myr. 1/2 de Paris. Toul, siège de l'un des trois évêchés de l'ancienne Lorraine, aujourd'hui remarquable par sa belle cathédrale, est aussi chef-lieu d'arrondissement. C'est à Lunéville, qu'une paix entre la France et l'Allemagne fut conclue en 1801. Lieux remarquables : Dieuze, Baccarat, Pont-à-Mousson.

55. MEUSE.

Bar-le-Duc, renommée pour ses vins et ses confitures, préf., trib., est à 25 myr., de Paris. Verdun, place forte, évêché, est la patrie du brave Chevert. François Chevert, né à Verdun, perdit ses parents encore en bas âge; il vivait d'aumônes; il devint néanmoins lieutenant-général en 1748. Saint-Mihiel n'est pas un chef-lieu d'arrondissement, mais il y a un tribunal de première instance, et on y remarque un sépulcre de N. S. J.-C. qui est considéré comme un chef-d'œuvre. Lieu remarquable : Varennes, où fut arrêté Louis XVI, le 21 juin 1791.

56. MORBIHAN.

Vannes, préf., évêché, trib., à 50 myr., de Paris, est une ville ancienne et marchande, son port, sur le Morbihan (golfe qui donne son nom au département) à peu de distance de la mer, est capable de contenir plusieurs vaisseaux. Pontivy, aujourd'hui dit Napoléonville, coll., trib., est chef-lieu de sous-préfecture. Lieux remarquables : Quiberon, où périt, en 1795, un corps d'émigrés français. Auray, petit port. Les îles de Groaix et de Belle-Isle.

57. MOSELLE.

Metz, sur la Moselle, ville forte, préf., évêché, cour, trib., coll., à 31 myr., de Paris, ancienne capitale des rois d'Austrasie, est une des plus fortes places de guerre de l'Europe. Thionville place très-forte. Sarreguemines, trib., place forte. Lieux remarquables : Longwy, place forte; Sierk; Sarréalbe.

58. NIÈVRE.

Nevers, ville très-commerçante, au confluent de la Nièvre avec la Loire, préf., évêché, trib., est à 23 myr. 1/2 de Paris. Lieux remarquables : Fourchambault, forges; Décize, houillières importantes; Pouilly, vins blancs. Dans ce département il y a des tanneries, et l'on y trouve des mines de fer et d'argent.

59. NORD.

Lille, place forte, préf., trib., à 23 myr. 1/2 de Paris, est une des villes les plus fortes, les plus belles et les plus commerçantes de la France. Cette ville fut héroïquement défendue, en 1792, par les habitants contre les Autrichiens, qui la bombardèrent inutilement pendant huit jours. Cambrai, archev., illustré par Fénélon. Dunkerque, ville forte et bon port. Valencienne, place forte, sur l'Escaut. Avesnes, place forte. Lieux remarquables : Saint-Amand, eaux minérales; Tourcoing; Roubaix, importantes fabriques ; Maubeuge, manufactures d'armes.

60. OISE.

Beauvais, préf., trib., évêché, avec une magnifique cathédrale gothique, patrie de Jeanne Hachette; ses pâtisseries sont des plus renommées. Compiègne, célèbre par son château, sa forêt et la captivité de Jeanne d'Arc, qui y fut prise en 1430, par les Anglais; l'année précédente elle avait fait sacrer Charles VII, à Reims. Lieux remarquables : Noyon, patrie de Calvin et du général Dumouriez; Chantilly, magnifique domaine, ayant appartenu aux princes de Condé; le village d'Ermenonville où mourut Jean-Jacques Rousseau ; Creil, renommée pour ses porcelaines et ses faïences.

61. ORNE.

Alençon, préf., trib., à 19 myr. 1/4 de Paris; l'évêché est à Séez. Domfront, trib. Argentan, trib. Mortagne, trib., patrie de Catinat. Lieux remarquables : Séez ; l'Aigle. Ce département produit d'excellents pâturages, il y a aussi de la terre à faïence et à briques.

62. PAS-DE-CALAIS.

Arras, sur la Scarpe, préf., évêché, trib., place forte, à 19 myr. de Paris. Boulogne, port. Saint-Omer, trib., place forte sur l'Aar. Béthune, trib., place forte, Saint-Pol, place forte. Calais, port de mer. Ce département produit blé, lin, chanvre, colza, pâturages.

63. PUY-DE-DOME.

Clermont-Ferrand, préf., évêché, illustrée par Massillon, coll., trib., à 38 myr. 1/2 de Paris, est la patrie de Blaise Pascal, Thomas, Champfort. Riom, cour, trib., est bâtie avec la lave des carrières de Volvic. Ce département produit aussi des plantes aromatiques. On y trouve les célèbres eaux minérales du Mont-d'Or.

64. PYRÉNÉES (BASSES-).

Pau, préf., cour, trib., coll., à 78 myr. 1/4 de Paris. Bayonne, ville forte, évêché, trib., port sur l'Adour. Lieux remarquables : Fontarabie, Saint-Jean-Pied-de-Port, places fortes sur la frontière d'Espagne. Saint-Jean-de-Luz, petit port fortifié.

65. PYRÉNÉES (HAUTES-).

Tarbes, préf., évêché, trib., à 81 myr. 1/2 de Paris. Argelès. Le tribunal de première instance est à Lourdes. Barrèges est un bourg renommé pour ses bains d'eaux minérales. Bagnères-de-Bigorre, célèbre par ses eaux thermales.

66. PYRÉNÉES-ORIENTALES.

Perpignan, préf., évêché, trib., place forte, est à 89 myr. de Paris. C'est l'entrepôt de tout le commerce du Midi avec l'Espagne. Lieux remarquables : Port-Vendres et Callioure, port

11*

sur la Méditerranée. Mont-Louis et Bellegarde, forteresses sur la frontière d'Espagne. Ce département n'est fertile qu'en vins et en pâturages ; mais il possède de nombreuses manufactures.

67. RHIN (BAS-).

Strasbourg, ville très-forte, sur l'Ill, près du Rhin, préf., évêché, coll., trib., à 46 myr. 1/2 de Paris, possède aussi le tombeau de Kléber. Le clocher de Strasbourg a 574 pieds de hauteur, ou 191 mètres 1/3. La tour qui sert de clocher est d'un travail infini.

68. RHIN (HAUT-).

Colmar, préf., cour, trib., place forte, à 48 myr. 1/4 de Paris, Belfort, place forte. Le Bas-Rhin produit du vin très-estimé, du chanvre, du tabac, et possède de nombreuses manufactures et des fabriques de métaux. On y trouve des mines de plomb, de cuivre et même d'argent. Lieux remarquables : Haguenau, grandes filatures ; Seltz, eaux minérales ; Soultz-sous-Forêts, vins estimés.

69. RHONE.

Lyon, seconde ville de France par son étendue, sa population et son commerce, préf., archev., cour, trib., coll., à 47 myr. de Paris, fut fondée l'an 41 avant J.-C., par Munatius Plancus, lieutenant de Jules César et ami de Cicéron et d'Horace, en l'an 711 de Rome. Des restes de temples, de bains, de théâtres, etc., attestent son ancienne splendeur. C'est la patrie des empereurs Caracalla, Claude et Marc-Aurèle, des sculpteurs Coisevox, Nicolas et Guillaume Couston, et des frères Jussieu. Lieux remarquables : Beaujeu et Condrieu, vins très-bons.

70. SAONE (HAUTE-).

Vesoul, préf., trib., est à 35 myr. 1/2 de Paris. Lure et Gray sont deux petites villes très-commerçantes. Lieu remarquable : Luxeuil, qui a un bel établissement d'eaux minérales.

71. SAONE-ET-LOIRE.

Mâcon, port très-commerçant sur la Saône, préf., trib., est à 40 myr. de Paris. Autun, évêché, trib., ville ancienne, est remarquable par ses beaux restes d'antiquités. Louhans est aussi remarquable par ses forges. Lieux remarquables : Cluny, ancienne abbaye, et le Creusot, bourg célèbre par ses mines de fer et de houille et par ses fabriques. Ce département produit tout ce qui est nécessaire à la vie, et surtout d'excellent vin; il commerce en blé, foin et bétail.

72. SARTHE.

Le Mans, préf., évêché, trib., est à 21 myr. 1/4 de Paris. La Flèche, trib., école militaire. Ce département produit du blé, du chanvre, des pâturages. Lieux remarquables : Solesmes; Sablé.

73. SAVOIE.

Chambéry, préf., archev., à 66 myr. de Paris. Saint-Jean-de-Maurienne, évêché. Moutiers, évêché.

74. SAVOIE (HAUTE-).

Annecy, préf., évêché, à 65 myr. de Paris. Ces deux départements sont bornés à l'occident par la France, à laquelle ils ont été réunis sous le règne de Napoléon III; au nord par la

Suisse; à l'orient et au sud par le Piémont. Ce pays très-montagneux est peu fertile, excepté en quelques endroits où l'on recueille du blé et du vin.

75. SEINE.

Paris, capitale de la France, siége du gouvernement et des deux chambres, préf., archev., cour de cassation, unique pour tout l'empire, cour impériale, tribunal pour tout le département, colléges impériaux. Saint-Denis, dont l'église, anciennement abbatiale, est la sépulture des membres de la famille royale. Sceaux, gros bourg, à un myriamètre sud-ouest de Paris. Lieux remarquables : Vincennes, village et château-fort à l'entrée d'une forêt; Neuilly et Boulogne. Ce département, qui est enclavé dans le département de Seine-et-Oise, fait un commerce considérable en tout genre. Les environs de Paris sont délicieux et répondent à la magnificence de cette ville, qui est une des plus belles villes du monde, et la seconde de l'Europe en population et en richesses.

76. SEINE-INFÉRIEURE.

Rouen, préf., archev., cour, trib., coll., à 14 myr. de Paris, est remarquable par ses magnifiques églises, ville industrielle et commerçante, a donné naissance aux deux Corneille, à Fontenelle et à Boïeldieu. Le Havre et Dieppe, ports très-commerçants. Lieux remarquables : Elbeuf, draps renommés; Gournay; Fécamp, port de mer, forges, eaux minérales; Bolbec, fabriques; Saint-Valéry-en-Caux, port de mer.

77. SEINE-ET-MARNE.

Melun, sur la Seine, préf., trib., à 4 myr. 1/2 de Paris, a vu naître Amyot. Meaux, évêché, trib., eut pour évêque le grand Bossuet. Fontainebleau est célèbre par sa forêt et son parc. Le Seine-et-Marne a de nombreuses forêts qui approvisionnent Paris de bois et de charbon.

78. SEINE-ET-OISE.

Versailles, préf., évêché, trib., coll., ancienne résidence des rois de France, depuis Louis XIV jusqu'à Louis XVI, à 2 myr. de Paris. Lieux remarquables : Saint-Cloud avec un beau parc; Sèvres, manufacture de porcelaine; Poissy, dont les marchés de bestiaux approvisionnent Paris; Saint-Cyr, où il y a une école militaire; le château et la forêt de Saint-Germain-en-Laye; Montmorency; Meudon. Ce département abonde en blé, grains, vins et bois.

79. SÈVRES (DEUX-).

Niort, préf., trib., à 41 myr. de Paris. Mme de Maintenon naquit dans une prison de Niort. Les Deux-Sèvres font partie du Poitou. On y fait un grand commerce en laine. Partenay, Melle, Bressuire sont devenues célèbres à cause des guerres de la Vendée.

80. SOMME.

Amiens, sur la Somme, évêché, magnifique cathédrale, préf., cour, coll., trib., ville très commerçante, à 13 myr. de Paris, fut la patrie de l'historien Ducange, de Voiture, de Gresset et de Pierre l'Ermite. Abbeville, grande et manufacturière, a un trib. de 1re instance. Lieux remarquables : Saint-Valéry; Ham.

81. TARN.

Alby, sur le Tarn, archev., préf., trib., à 65 myr. 1/2 de Paris, était la patrie de l'infortuné navigateur La Pérouse. Lieux remarquables : Baréges, Rabastens.

82. TARN-ET-GARONNE.

Montauban, préf., évêché, trib., est à 70 myr. de Paris.

83. VAR.

Draguignan, préf., trib., à 89 myr. de Paris. Toulon, qui possède un bon port, un arsenal et une rade immense, de magnifiques chantiers de construction, a une préfecture maritime et est une des plus fortes places de l'Europe. Grasse, jolie ville. Fréjus n'est pas un chef-lieu d'arrondissement, mais il y a un évêché. Massillon est né dans le département du Var, dans les îles d'Hyères. Argent est seulement un chef-lieu de canton.

84. VAUCLUSE.

Avignon, sur le Rhône, préf., archev., coll., trib., où l'on remarque le Palais des Papes, est à 71 myr. de Paris. Cette ville appartenait au pape avant sa réunion à la France, en 1791; les papes y firent leur résidence pendant 62 ans. C'est la patrie de Folard, qui a écrit sur l'art militaire. Orange, trib., remarquable par un magnifique arc-de-triomphe antique. Carpentras est la patrie de Fléchier. Ce département fait partie de la Provence, Comtat-Venaissin, principauté d'Orange.

85. VENDÉE.

Bourbon-Vendée, autrefois La Roche-sur-Yon, préf., trib., à 45 myr. de Paris. Les Sables-d'Olonne, port de mer; l'évêché est à Luçon. Les îles de Noirmoutier et d'Yeu, situées sur la côte de ce département, en font partie. Ce département produit du blé; on y élève des chevaux et des mulets.

86. VIENNE.

Poitiers, préf., évêché, cour, trib., coll., à 34 myr. 1/3 de Paris. Châtellerault, renommée pour sa coutellerie. Ce département possède quelques manufactures et des papeteries.

87. VIENNE (HAUTE-).

Limoges, sur la Vienne, préf., évêché, cour, trib., coll., à 38 myr. de Paris. Ce département produit du seigle, de l'avoine, des châtaignes, du bois et des pâturages; on y élève des chevaux et un grand nombre de bestiaux.

88. VOSGES.

Épinal, préf., trib., est à 38 myr. 1/4 de Paris. Saint-Dié possède un évêché. Lieux remarquables : Domremy, village où naquit Jeanne-d'Arc; Plombières, célèbre par ses bains d'eaux minérales. Ce département, auquel les montagnes des Vosges ont donné leur nom, produit du vin, peu de blé, mais du sarrazin et des pommes de terre.

89. YONNE.

Auxerre, préf., trib., renommée pour ses vins et son commerce de bois; est à 17 myr. de Paris. Sens, archev., trib., au confluent de la Vienne et de l'Yonne, ville ancienne. Tonnerre et Joigny, renommées pour leurs vins. Lieux remarquables : Vezelay, où saint Bernard prêcha la seconde croisade; Fontenay, célèbre bataille qu'y livrèrent les Francs, en 841; Chablis, vins blancs. Ce département est en outre fertile en blé, avoine, chanvre et bois.

LES CHEFS-LIEUX DE DÉPARTEMENTS

dont la population, en 1868, n'était pas inférieure à 10,000 habitants, se montent au nombre de 78, savoir :

1	Paris	1,825,000	24	Tours	43,000
2	Lyon	324,000	25	Caen	41,000
3	Marseille	300,000	26	Grenoble	40,000
4	Bordeaux	194,000	27	Dijon	39,000
5	Lille	155,000	28	Clermont-Ferrand	38,000
6	Toulouse	127,000	29	Avignon	37,000
7	Nantes	114,000	30	Troyes	36,000
8	Rouen	101,000	31	Poitiers	31,000
9	Saint-Etienne	96,000	32	Bourges	30,000
10	Strasbourg	84,000	33	Montauban	27,000
11	Amiens	61,000	34	Laval	27,000
12	Metz	57,000	35	Arras	26,000
13	Montpellier	56,000	36	Pau	26,000
14	Angers	55,000	37	Perpignan	25,000
15	Limoges	53,000	38	Angoulême	25,000
16	Nice	50,000	39	Colmar	24,000
17	Nancy	50,000	40	Niort	21,000
18	Rennes	49,000	41	Nevers	21,000
19	Orléans	49,000	42	Carcassonne	21,000
20	Besançon	47,000	43	Blois	21,000
21	Nîmes	46,000	44	Valence	20,000
22	Le Mans	45,000	45	Moulins	20,000
23	Versailles	44,000	46	Périgueux	20,000

47	Chartres....	19,500		63	Ajaccio....	14,500
48	Le Puy.....	19,500		64	Cahors.....	14,000
49	La Rochelle..	19,000		65	Bourg.....	14,000
50	Mâcon.....	18,500		66	Tulle......	13,000
51	Agen......	18,000		67	Quimper....	12,500
52	Chambéry...	18,000		68	Evreux.....	12,000
53	Châlons-sur-Marne...	17,500		69	Epinal.....	12,000
54	Châteauroux..	17,000		70	Rhodez.....	12,000
55	Saint-Brieuc..	16,500		71	Auch......	12,000
56	Alby.......	16,500		72	Annecy....	11,500
57	Tarbes.....	16,000		73	Aurillac....	11,000
58	Alençon....	16,000		74	Melun.....	11,000
59	Auxerre....	15,500		75	Saint-Lo....	10,000
60	Beauvais....	15,000		76	Laon......	10,000
61	Bar-le-Duc...	15,000		77	Lons-le-Saulnier...	10,000
62	Vannes....	14,500		78	Draguignan..	10,000

NOMS DES HOMMES ILLUSTRES

CITÉS DANS LES VERS

Et noms des départements qui les ont vu naître, avec les numéros indiquant chaque département, et ce, par ordre alphabétique.

Aubert (saint) (Manche).	50	Billaut (Nièvre).....		58
Baron (Indre).	36	Boileau (Seine).		75
Bayard (Allier).	3	Bossuet (Côte-d'Or).		21
Bernard (Isère).	38	Bouchardon (Hte-Vienne).		52
Berwick (Allier).	3	Bourdaloue (Cher).		18

Buffon (Côte-d'Or).	21	Guillaume (Calvados).	14
Callot (Meurthe).	54	Guise (Duc de) (Loir-et-Cher).	41
César (Jules) (Bouches-du-Rhône).	13	Henri III (Seine-et-Marne).	77
Champfort (Puy-de-Dôme)	63	Henri IV (Basses-Pyrénées).	64
Charles VII (Cher).	18	Huet (Calvados).	14
Chevert (Meuse).	55	Jeanne-d'Arc (Loiret).	45
Cicéron (Rhône).	69	Jean-Bart (Nord).	59
Clovis (Marne).	51	La Fontaine (Aisne).	2
Coligny (Ain).	1	Lalande (Ain).	1
Condillac (Isère).	38	Lambert (saint) (Meurthe).	54
Crébillon (Côte-d'Or).	21	La Rochejacquelin (Vendée).	85
Daguesseau (Hte-Vienne).	87	Louis XI (Cher).	18
Desaix (Cantal).	15	Mably (Isère).	38
Descartes (Indre-et-Loire).	37	Mairan (Hérault).	34
Destouches (id.)	37	Malherbe (Calvados).	14
Diane (Gard).	30	Marmontel (Hte-Vienne)	87
Diderot (Haute-Marne).	52	Marot (Lot).	46
Dorat (Haute-Vienne).	87	Massillon (Var).	83
Dubelloy (Cantal).	15	Mignard (Aube).	10
Dubois (Corrèze).	19	Mirabeau (Nièvre).	58
Duguay-Trouin (Ille-et-Vilaine)	35	Molière (Seine).	75
Esculape (divinité païenne) (Hérault).	34	Montaigne (Dordogne).	24
		Montesquieu (Gironde).	33
Fabert (Moselle).	57	Munatius Plancus (Rhône).	69
Fénelon (Nord).	59	Napoléon 1er (Corse).	20
François Ier (Charente).	16	Palissot (Meurthe).	54
Girardon (Aube).	10	Pascal (Puy-de-Dôme).	63
Gresset (Somme)	80	Pélisson (Hérault).	34

Pierre (le Grand) (Côtes-du-Nord).	22	Thomas (Puy-de-Dôme).	63
Pigal (Bas-Rhin).	67	Turenne (Ardennes).	8
Piron (Côte-d'Or).	21	Urbain IV (Aube).	9
Poussin (Eure).	27	Valhubert (Manche).	50
Racine (Aisne).	2	Vanière (Hérault).	34
Rameau (Côte-d'Or).	21	Vauban (Côte-d'Or).	21
Riquet (Hérault).	34	Vaucanson (Isère).	38
Rollin (Seine).	75	Vaugelas (Ain).	1
Saxe (Maréchal de) (Bas-Rhin).	67	Villars (Allier).	3
Sévigné (Côtes-d'Or).	21	Voltaire (Seine).	75
Soufflot (Côte-d'Or).	21		

TABLE ALPHABÉTIQUE

de la plupart des lieux indiqués dans cet abrégé de Géographie en vers.

Noms des Villes et Bourgs.	Nos des Dép.	Noms des Villes et Bourgs.	Nos des Dép.	Noms des Villes et Bourgs.	Nos des Dép.
Abbeville.	80	Altkirch.	68	Arbois.	39
Agen.	47	Ambert.	63	Arcis-sur-Aube.	10
Aire.	40	Amiens.	80	Argelès.	65
Aix.	13	Ancenis.	44	Argent.	83
Ajaccio.	20	Andelys (les).	27	Argentan.	61
Alais.	30	Angers.	49	Argentière (l').	6
Albertville.	73	Angoulême.	16	Arles.	13
Alby.	84	Annecy.	74	Arras.	62
Alençon.	61	Apt.	84	Aubusson.	23

Auch.	32	Bergerac.	24	Carcassonne.	11
Aurillac.	15	Bernay.	27	Carpentras.	84
Autun.	71	Besançon.	25	Castellane.	4
Auxerre.	89	Béthune.	62	Castelnaudary	11
Avallon.	89	Béziers.	34	Castel-Sarrazin.	82
Avènes.	59	Blanc (le).	36	Castres.	81
Avignon.	84	Blaye.	33	Céret.	66
Avranches.	50	Blois.	41	Châlons-sur-Marne.	51
Bagnères.	65	Bonneville.	74	Châlon-sur-Saône.	71
Barbézieux.	16	Bordeaux.	33	Chambéry.	73
Barcelonnette.	4	Boulogne.	62	Charolles.	71
Bar-le-Duc.	55	Bourbon-Vendée.	85	Chartres.	28
Baréges.	65	Bourg.	1	Châteaubriant.	44
Bar-sur-Aube.	10	Bourganeuf.	23	Château-Chinon.	58
Bar-sur-Seine.	10	Bourges.	18	Châteaudun.	28
Bastia.	20	Boussac.	23	Château-Gonthier.	53
Baugé.	49	Bressuire.	79	Châteaulin.	29
Baume-les-Dames.	25	Brest.	29	Châteauroux.	36
Bayeux.	14	Briançon.	5	Château-Salins.	54
Bayonne.	64	Briey.	57	Château-Thierry.	2
Bazas.	33	Brignoles.	83	Châtellerault.	86
Beaucaire.	30	Brioude.	43	Châtillon-sur-Seine.	21
Beaune.	21	Brives.	19	Châtre (la)	36
Beaupréau.	49	Caen.	14	Chaumont.	52
Beauvais.	60	Cahors.	46	Cherbourg.	50
Belfort.	68	Callioure.	66	Chinon.	37
Bellac.	87	Calvi.	20	Civray.	86
Belley.	1	Cambrai.	59	Clamecy.	58

Clermont.	60	Épernay.	54	Haye (la).	37
Clermont-Ferrand.	63	Epinal.	88	Hazebrouck.	59
Cognac.	16	Espalion.	12	Honfleur.	14
Colmar.	68	Etampes.	78	Issoire.	63
Commercy.	55	Evreux.	27	Issoudun.	36
Compiègne.	60	Falaise.	14	Joigny.	89
Condom.	32	Ferté-Milon (la).	2	Jonzac.	17
Cône.	58	Figeac.	46	Lamballe.	22
Confolens.	16	Flèche (la).	72	Langres.	52
Corbeil.	78	Florac.	48	Lannion.	22
Corlay.	22	Foix.	9	Laon.	2
Corté.	20	Fontainebleau.	77	Laval.	53
Coulommiers.	77	Fontenay-le-Comte.	85	Lavaur.	81
Coutances.	50	Forcalquier.	4	Lectoure.	32
Dax.	40	Fougères.	35	Lesparre.	33
Dié.	26	Fréjus.	83	Libourne.	33
Dieppe.	76	Gaillac.	81	Lille.	59
Digne.	4	Gannat.	3	Limoges.	87
Dijon.	21	Gap.	5	Limoux.	11
Dinan.	22	Gex.	1	Lisieux.	14
Dôle.	39	Gien.	45	Loches.	37
Domfront.	61	Gourdon.	46	Lodève.	34
Douai.	59	Grasse.	87	Lombès.	32
Doulens.	80	Gray.	70	Lons-le-Saulnier	39
Draguignan.	83	Grenoble.	38	Lorient.	56
Dreux.	28	Guéret.	23	Loudéac.	22
Dunkerque.	59	Guingamp.	22	Loudun.	86
Embrun.	5	Havre (le).	76	Louhan.	71

Lourdes.	65	Montauban.	82	Neufchâtel.	76
Louviers.	27	Montbard.	21	Nevres.	58
Lunéville.	54	Montbéliard.	25	Nîmes.	30
Lure.	70	Montbrison.	42	Niort.	79
Lyon.	69	Montcontour.	22	Nogent-le-Rotrou.	28
Mâcon.	71	Mont-de-Marsan.	40	Nogent-sur-Seine.	10
Madrid.	66	Montdidier.	80	Nontron.	24
Mamers.	72	Montélimar.	26	Nyons.	26
Mans (le).	72	Montfort.	35	Oléron.	64
Mantes.	78	Montluçon.	3	Orange.	84
Marennes.	17	Montmédy.	55	Orgelet.	39
Marmande.	47	Montmorillon.	86	Orléans.	45
Marseille.	13	Montpellier.	34	Orthez.	64
Marvejols.	48	Montreuil.	62	Paimbœuf.	44
Mauléon.	64	Morlaix.	29	Palisse (la).	3
Mauriac.	15	Mortagne.	61	Pamiers.	9
Mayenne.	53	Mortain.	50	Paris.	75
Meaux.	77	Moulins.	3	Partenay.	79
Melle.	79	Moutiers.	73	Pau.	64
Melun.	77	Mulhouse.	68	Périgueux.	24
Mende.	48	Murat.	15	Péronne.	80
Metz.	57	Muret.	31	Perpignan.	66
Mézières.	8	Nancy.	54	Pithiviers.	45
Milhau.	12	Nantes.	44	Ploermel.	56
Mirande.	32	Nantua.	1	Plombières.	88
Mirecourt.	88	Narbonne.	11	Poitiers.	86
Moissac.	82	Nérac.	47	Poligny.	39
Montargis.	45	Neufchâteau.	88	Pontarlier.	25

Pont-Audemer.	27	Rouen.	76	Saint-Pons.	34
Pontivy.	56	Roubaix.	59	Saint-Quentin.	2
Pont-Lévêque.	14	Ruffec.	16	Saint-Sever.	40
Pontoise.	78	Sables-d'Olonne	85	Saint-Yreix.	87
Pontrieux.	22	Saint-Affrique.	12	Sancerre.	18
Prades.	66	Saint-Amand.	18	Sarlat.	24
Privas.	6	Saint-Brieuc.	22	Sarrebourg.	54
Provins.	77	Saint-Calais.	72	Sarreguemines.	57
Puy (le).	43	Saint-Claude.	39	Sartène.	20
Quimper.	29	Saint-Denis.	75	Saumur.	49
Quimperlé.	29	Saint-Dié.	88	Savenay.	44
Rambouillet.	78	Sainte-Menehould.	51	Saverne.	67
Redon.	35	Saintes.	17	Sceaux.	75
Reims.	51	Saint-Etienne.	42	Sedan.	8
Remiremont.	88	Saint-Flour.	15	Séez.	61
Rennes.	35	Saint-Gaudens.	31	Segré	49
Réole (la).	33	Saint-Germain-en-Laye.	78	Schelestadt.	67
Réthel.	8	Saint-Girons.	9	Semur.	21
Rhodez.	12	Saint-Hippolyte.	30	Senlis.	60
Riberac.	24	Saint-Jean-d'Angély.	17	Sens.	89
Riom.	63	Saint-Jean-de-Maurienne.	73	Sisteron.	4
Roanne.	42	Saint-Julien.	74	Soissons.	2
Rochechouart.	87	Saint-Lo.	50	Sommières.	30
Rochefort.	17	Saint-Malo.	35	Strasbourg.	67
Rochelle (la).	17	Saint-Marcellin.	38	Tarbes.	65
Rocroy.	8	Saint-Mihiel.	55	Thiers.	63
Romorantin.	41	Saint-Omer.	62	Thionville.	57
Rostrenen.	22	Saint-Pol.	62	Thonon.	74

Tonnerre.	89	Valenciennes.	59	Villefranche (Rhône).	69
Toulon.	83	Valognes.	50	Villeneuve-sur-Lot.	47
Toulouse.	31	Vannes.	56	Vincennes.	75
Tour-du-Pin (la)	38	Vassy.	52	Vire.	14
Tournon.	6	Vendôme.	41	Vitré.	35
Tours.	37	Verdun.	55	Vitry-l.-Français.	51
Tréguier.	22	Versailles.	78	Viviers.	6
Trévoux.	1	Vervins.	2	Vouziers.	8
Troyes.	10	Vesoul.	70	Wissembourg.	67
Tulle.	19	Vienne.	38	Yssengeaux.	43
Ussel.	19	Vigan (le).	30	Yvetot.	76
Uzès.	30	Villefranche (Aveyron).	12		
Valence.	26	Villefranche (H.-Garonne)	31		

NOMS DES LIEUX REMARQUABLES

INDIQUÉS DANS LES NOTES

Avec les numéros correspondants à ceux de ces mêmes notes.

Amboise.	37	Bourbon-L'Archambault.	3	Condé-sur-Noireau.	14
Auray.	56	Bourbonne-les-Bains.	52	Combe (la Grand-).	30
Baccarat.	54	Brienne.	10	Commentry.	3
Bagnères-de-Luchon.	31	Cancale.	35	Condrieu.	69
Baréges.	81	Cette.	33	Creil.	60
Beaugency.	45	Chablis.	89	Creuzot.	71
Beaujeu.	69	Chantilly.	60	Décize.	58
Bellegarde.	66	Grande-Chartreuse.	38	Dieuze.	54
Belle-Isle.	56	Clairvaux.	10	Domrémy.	88
Boulogne.	75	Cluny.	71	Ermenonville.	60

Ernée.	53	Meudon.	78	Saint-Amand.	59
Evron.	53	Mont-Louis.	66	Saint-Cloud.	78
Fontarabie.	64	Montmorency.	78	Saint-Cyr.	78
Fontenay.	89	Mont-Saint-Michel.	50	Saint-Geniès-de-Rivedolt.	12
Forez.	42	Néris.	3	Saint-Germain-en-Laye.	78
Fourchambault.	58	Neuilly.	75	Saint-Gobain.	2
Frontignan.	33	Noirmoutiers (Iles de).	85	Saint-Jean-de-Luz.	64
Gisors.	27	Noyon.	60	Saint-Jean-Pied-de-Port.	64
Givors.	69	Oléron (Ile d').	17	Sablé.	72
Granville.	50	Ouessant (Ile d')	29	Sarréalbe.	57
Gré-le-Pré.	18	Palais des Papes.	84	Sécz.	61
Grouaix (Iles de)	56	Pézenas.	33	Seltz.	67
Haguenau.	67	Plessis-les-Tours	33	Saint-Servan.	35
Ham.	30	Plombières.	88	Sèvres.	78
Hyères (Iles d').	84	Poissy.	78	Sierk.	57
Indret.	44	Poliguen (le).	44	Solesmes.	72
Isigny.	14	Pont-à-Mousson	54	Soultz-sous-Forêts.	67
Ivry.	27	Pont-St-Esprit.	30	Saint-Valery.	80
Joinville.	52	Pouilly.	58	Saint-Vivien.	33
Longwy.	57	Pouy.	39	Tarare.	69
Lérins (Iles de).	6	Prévalaye (la).	35	Toul.	54
Lourdes.	66	Quiberon.	56	Tourcoing.	59
Luçon.	85	Quillebeuf.	27	Valmy.	51
Lunel.	33	Quintin.	22	Varennes.	55
Luxeuil.	70	Rabastens.	81	Verneuil.	27
Maubeuge.	59	Ré (Iles de).	17	Vernon.	27
Médoc.	33	Roche-sur-Yon (la).	85	Vézelay.	89
Mettray.	37	Roubaix.	59	Vichy.	3

Vierzon.	18	**APPENDICE**	Puget-Théniers.	6
Vincennes.	75	Cannes. 6	Saint-Auban.	6
Volvic.	63	Monaco. 6	Saint-Martin.	6
Yeu (île d').	85	Nice. 6	Saint-Sauveur.	6
		Port-Vendres. 66	Vence.	6

301— Avranches.— Imp. V. LETREGUILLY, Fils, rue des Chapeliers, 14.